I0145096

PRÉFACE

La collection de guides de conversation "Tout ira bien!", publié par T&P Books, est conçue pour les gens qui voyagent par affaire ou par plaisir. Les guides de conversations contiennent le plus important - l'essentiel pour la communication de base. Il s'agit d'une série indispensable de phrases pour survivre à l'étranger.

Ce guide de conversation vous aidera dans la plupart des cas où vous devez demander quelque chose, trouver une direction, découvrir le prix d'un souvenir, etc. Il peut aussi résoudre des situations de communication difficile lorsque la gesticulation n'aide pas.

Le livre contient beaucoup de phrases qui ont été groupées par thèmes. Vous trouverez aussi un vocabulaire des 3000 mots les plus couramment utilisés. Une autre section du guide contient un glossaire gastronomique qui peut être utile lorsque vous faites le marché ou commandez des plats au restaurant.

Emmenez avec vous un guide de conversation "Tout ira bien!" sur la route et vous aurez un compagnon de voyage irremplaçable qui vous aidera à vous sortir de toutes les situations et vous enseignera à ne pas avoir peur de parler aux étrangers.

TABLE DES MATIÈRES

T&P Books Publishing

Collection de guides de conversation
"Tout ira bien!"

T&P Books Publishing

GUIDE DE CONVERSATION
— GÉORGIEN —

Par Andrey Taranov

LES PHRASES LES PLUS UTILES

Ce guide de conversation
contient les phrases et
les questions les plus
communes et nécessaires
pour communiquer avec
des étrangers

T&P BOOKS

Guide de conversation + dictionnaire de 3000 mots

Guide de conversation Français-Géorgien et vocabulaire thématique de 3000 mots

Par Andrey Taranov

La collection de guides de conversation "Tout ira bien!", publiée par T&P Books, est conçue pour les gens qui voyagent par affaire ou par plaisir. Les guides contiennent l'essentiel pour la communication de base. Il s'agit d'une série indispensable de phrases pour "survivre" à l'étranger.

Ce livre inclut un dictionnaire thématique qui contient près de 3000 des mots les plus fréquemment utilisés. Une autre section du guide contient un glossaire gastronomique qui peut être utile lorsque vous faites le marché ou commandez des plats au restaurant.

Copyright © 2016 T&P Books Publishing

Tous droits réservés. Sans permission écrite préalable des éditeurs, toute reproduction ou exploitation partielle ou intégrale de cet ouvrage est interdite, sous quelque forme et par quelque procédé (électronique ou mécanique) que ce soit, y compris la photocopie, l'enregistrement ou le recours à un système de stockage et de récupération des données.

T&P Books Publishing
www.tpbooks.com

ISBN: 978-1-78616-788-0

Ce livre existe également en format électronique.
Pour plus d'informations, veuillez consulter notre site: www.tpbooks.com
ou rendez-vous sur ceux des grandes librairies en ligne.

PRONONCIATION

Lettre	Exemple en géorgien	Alphabet phonétique T&P	Exemple en français
ა	აკადემია	[ɑ]	aller
ბ	ბიოლოგია	[b]	bureau
გ	გრამატიკა	[g]	gris
დ	შუალედი	[d]	document
ე	ბედნიერი	[ɛ]	faire
ვ	ვერცხლი	[v]	rivière
ზ	ზარი	[z]	gazeuse
თ	თანაკლასელი	[th]	[t] aspiré
ი	ივლისი	[i]	stylo
კ	კამა	[k]	bocal
ლ	ლანგარი	[l]	vélo
მ	მარჯვენა	[m]	minéral
ნ	ნაყინი	[n]	ananas
ო	ოსტატობა	[ɔ]	robinet
პ	პასპორტი	[p]	panama
ჟ	ჟიური	[ʒ]	jeunesse
რ	რეჟისორი	[r]	racine, rouge
ს	სასმელი	[s]	syndicat
ტ	ტურისტი	[t]	tennis
უ	ურდული	[u]	boulevard
ფ	ფაიფური	[ph]	[p] aspiré
ქ	ქალაქი	[kh]	[k] aspiré
ღ	ღილაკი	[ɣ]	g espagnol - amigo, magnífico
ყ	ყინული	[q]	cadeau
შ	შედეგი	[ʃ]	chariot
ჩ	ჩამჩა	[ʧh]	[tsch] aspiré
ც	ცურვა	[tsh]	[ts] aspiré
ძ	ძიძა	[ʣ]	pizza
წ	წამწამი	[ʦ]	gratte-ciel
ჭ	ჭანჭიკი	[ʧ]	match
ხ	ხარისხი	[ɦ]	anglais - behind, finnois - raha
ჯ	ჯიბე	[ʤ]	adjoint
ჰ	ჰოკიჯოხა	[h]	[h] aspiré

LISTE DES ABRÉVIATIONS

Abréviations en français

adj	-	adjective
adv	-	adverbe
anim.	-	animé
conj	-	conjonction
dénombr.	-	dénombrable
etc.	-	et cetera
f	-	nom féminin
f pl	-	féminin pluriel
fam.	-	familiar
fem.	-	féminin
form.	-	formal
inanim.	-	inanimé
indénombr.	-	indénombrable
m	-	nom masculin
m pl	-	masculin pluriel
m, f	-	masculin, féminin
masc.	-	masculin
math	-	mathematics
mil.	-	militaire
pl	-	pluriel
prep	-	préposition
pron	-	pronom
qch	-	quelque chose
qn	-	quelqu'un
sing.	-	singulier
v aux	-	verbe auxiliaire
v imp	-	verbe impersonnel
vi	-	verbe intransitif
vi, vt	-	verbe intransitif, transitif
vp	-	verbe pronominal
vt	-	verbe transitif

T&P BOOKS

GUIDE DE CONVERSATION GÉORGIEN

Cette section contient
des phrases importantes
qui peuvent être utiles dans
des situations courantes.
Le guide vous aidera
à demander des directions,
clarifier le prix, acheter
des billets et commander
des plats au restaurant

T&P Books Publishing

CONTENU DU GUIDE DE CONVERSATION

T&P Books Publishing

Les essentiels

Excusez-moi, ...	უკაცრავად, ... uk'atsravad, ...
Bonjour	გამარჯობა. gamarjoba.
Merci	გმადლობთ. gmadlobt.
Au revoir	ნახვამდის. nakhvamdis.
Oui	დიახ. diakh.
Non	არა. ara.
Je ne sais pas.	არ ვიცი. ar vitsi.
Où?	Où?	Quand?	სად?| საით?| როდის? sad?| sait?| rodis?

J'ai besoin de ...	მე მჭირდება... me mch'irdeba...
Je veux ...	მე მინდა ... me minda ...
Avez-vous ... ?	თქვენ გაქვთ ...? tkven gakvt ...?
Est-ce qu'il y a ... ici?	აქ არის ... ? ak aris ... ?
Puis-je ... ?	შემიძლია... ? shemidzlia... ?
s'il vous plaît (pour une demande)	თუ შეიძლება tu sheidzleba

Je cherche ...	მე ვეძებ ... me vedzeb ...
les toilettes	ტუალეტს t'ualet's
un distributeur	ბანკომატს bank'omat's
une pharmacie	აფთიაქს aptiaks
l'hôpital	საავადმყოფოს saavadmqopos
le commissariat de police	პოლიციის განყოფილებას p'olitsiis ganqopilebas
une station de métro	მეტროს met'ros

10

un taxi	ტაქსს t'akss
la gare	რკინიგზის სადგურს rk'inigzis sadgurs

Je m'appelle …	მე მქვია … me mkvia …
Comment vous appelez-vous?	რა გქვიათ? ra gkviat?
Aidez-moi, s'il vous plaît.	დამეხმარეთ, თუ შეიძლება. damekhmaret, tu sheidzleba.
J'ai un problème.	პრობლემა მაქვს. p'roblema makvs.
Je ne me sens pas bien.	ცუდად ვარ. tsudad var.
Appelez une ambulance!	გამოიძახეთ სასწრაფო! gamoidzakhet sasts'rapo!
Puis-je faire un appel?	შემიძლია დავრეკო? shemidzlia davrek'o?

Excusez-moi.	ბოდიშს გიხდით bodishs gikhdit
Je vous en prie.	არაფერს arapers

je, moi	მე me
tu, toi	შენ shen
il	ის is
elle	ის is
ils	ისინი isini
elles	ისინი isini
nous	ჩვენ chven
vous	თქვენ tkven
Vous	თქვენ tkven

ENTRÉE	შესასვლელი shesasvleli
SORTIE	გასასვლელი gasasvleli
HORS SERVICE | EN PANNE	არ მუშაობს ar mushaobs
FERMÉ	დაკეტილია dak'et'ilia

OUVERT	ღიაა ghiaa
POUR LES FEMMES	ქალებისთვის kalebistvis
POUR LES HOMMES	მამაკაცებისთვის mamak'atsebistvis

Questions

Où? (lieu)	სად? sad?
Où? (direction)	საით? sait?
D'où?	საიდან? saidan?
Pourquoi?	რატომ? rat'om?
Pour quelle raison?	რისთვის? ristvis?
Quand?	როდის? rodis?

Combien de temps?	რამდენ ხანს? ramden khans?
À quelle heure?	რომელ საათზე? romel saatze?
C'est combien?	რა ღირს? ra ghirs?
Avez-vous ... ?	თქვენ გაქვთ ...? tkven gakvt ...?
Où est ..., s'il vous plaît?	სად არის ...? sad aris ...?

Quelle heure est-il?	რომელი საათია? romeli saatia?
Puis-je faire un appel?	შემიძლია დავრეკო? shemidzlia davrek'o?
Qui est là?	ვინ არის? vin aris?
Puis-je fumer ici?	შემიძლია აქ მოვწიო? shemidzlia ak movts'io?
Puis-je ...?	შემიძლია ...? shemidzlia ...?

Besoins

Je voudrais …	მე მინდა … me minda …
Je ne veux pas …	მე არ მინდა … me ar minda …
J'ai soif.	მწყურია. mts'quria.
Je veux dormir.	მეძინება. medzineba.

Je veux …	მე მინდა … me minda …
me laver	ხელ-პირის დაბანა khel-p'iris dabana
brosser mes dents	კბილების გაწმენდა k'bilebis gats'menda
me reposer un instant	ცოტა დასვენება tsot'a dasveneba
changer de vêtements	ტანისამოსის გამოცვლა t'anisamosis gamotsvla

retourner à l'hôtel	დავბრუნდე სასტუმროში davbrunde sast'umroshi
acheter …	ვიყიდო … viqido …
aller à …	გავემგზავრო … gavemgzavro …
visiter …	ვეწვიო … vets'vio …
rencontrer …	შევხვდე … shevkhvde …
faire un appel	დავრეკო davrek'o

Je suis fatigué /fatiguée/	მე დავიღალე. me davighale.
Nous sommes fatigués /fatiguées/	ჩვენ დავიღალეთ. chven davighalet.

J'ai froid.	მე მცივა. me mtsiva.
J'ai chaud.	მე მცხელა. me mtskhela.
Je suis bien.	მე ნორმალურად ვარ. me normalurad var.

Il me faut faire un appel.

მე უნდა დავრეკო.
me unda davrek'o.

J'ai besoin d'aller aux toilettes.

მე მინდა ტუალეტში.
me minda t'ualet'shi.

Il faut que j'aille.

წასვლის დროა.
ts'asvlis droa.

Je dois partir maintenant.

მე უნდა წავიდე.
me unda ts'avide.

Comment demander la direction

Excusez-moi, ...	უკაცრავად, ... uk'atsravad, ...
Où est ..., s'il vous plaît?	სად არის ...? sad aris ...?
Dans quelle direction est ... ?	რომელი მიმართულებითაა ...? romeli mimartulebitaa ...?
Pouvez-vous m'aider, s'il vous plaît ?	დამეხმარეთ, თუ შეიძლება. damekhmaret, tu sheidzleba.

Je cherche ...	მე ვეძებ ... me vedzeb ...
La sortie, s'il vous plaît?	მე ვეძებ გასასვლელს. me vedzeb gasasvlels.

Je vais à ...	მე მივემგზავრები ...-ში me mivemgzavrebi ...-shi
C'est la bonne direction pour ...?	სწორად მივდივარ ...? sts'orad mivdivar ...?

C'est loin?	ეს შორსაა? es shorsaa?
Est-ce que je peux y aller à pied?	მე მივალ იქამდე ფეხით? me mival ikamde pekhit?
Pouvez-vous me le montrer sur la carte?	რუკაზე მაჩვენეთ, თუ შეიძლება. ruk'aze machvenet, tu sheidzleba.
Montrez-moi où sommes-nous, s'il vous plaît.	მაჩვენეთ, სად ვართ ახლა. machvenet, sad vart akhla.

Ici	აქ ak
Là-bas	იქ ik
Par ici	აქეთ aket

Tournez à droite.	მოუხვიეთ მარჯვნივ. moukhviet marjvniv.
Tournez à gauche.	მოუხვიეთ მარცხნივ. moukhviet martskhniv.

Prenez la première (deuxième, troisième) rue.	პირველი (მეორე, მესამე) მოსახვევი p'irveli (meore, mesame) mosakhvevi
à droite	მარჯვნივ marjvniv

à gauche

მარცხნივ
martskhniv

Continuez tout droit.

იარეთ პირდაპირ.
iaret p'irdap'ir.

Affiches, Pancartes

BIENVENUE!	კეთილი იყოს თქვენი მობრძანება! k'etili iqos tkveni mobrdzaneba!
ENTRÉE	შესასვლელი shesasvleli
SORTIE	გასასვლელი gasasvleli

POUSSEZ	თქვენგან tkvengan
TIREZ	თქვენკენ tkvenk'en
OUVERT	ღიაა ghiaa
FERMÉ	დაკეტილია dak'et'ilia

POUR LES FEMMES	ქალებისთვის kalebistvis
POUR LES HOMMES	მამაკაცებისთვის mamak'atsebistvis
MESSIEURS (m)	მამაკაცების ტუალეტი mamak'atsebis t'ualet'i
FEMMES (f)	ქალების ტუალეტი kalebis t'ualet'i

RABAIS | SOLDES	ფასდაკლება pasdak'leba
PROMOTION	გაყიდვა ფასდაკლებით gaqidva pasdak'lebit
GRATUIT	უფასოდ upasod
NOUVEAU!	სიახლე! siakhle!
ATTENTION!	ყურადღება! quradgheba!

COMPLET	ადგილები არ არის adgilebi ar aris
RÉSERVÉ	დაჯავშნილია dajavshnilia
ADMINISTRATION	ადმინისტრაცია administ'ratsia
PERSONNEL SEULEMENT	მხოლოდ პერსონალისთვის mkholod p'ersonalistvis

ATTENTION AU CHIEN!	ავი ძაღლი avi dzaghli
NE PAS FUMER!	ნუ მოსწევთ! nu mosts'evt!
NE PAS TOUCHER!	არ შეეხოთ! ar sheekhot!
DANGEREUX	საშიშია sashishia
DANGER	საფრთხე saprtkhe
HAUTE TENSION	მაღალი ძაბვა maghali dzabva
BAIGNADE INTERDITE!	ბანაობა აკრძალულია banaoba ak'rdzalulia

HORS SERVICE | EN PANNE	არ მუშაობს ar mushaobs
INFLAMMABLE	ცეცხლსაშიშია tsetskhlsashishia
INTERDIT	აკრძალულია ak'rdzalulia
ENTRÉE INTERDITE!	გავლა აკრძალულია gavla ak'rdzalulia
PEINTURE FRAÎCHE	შეღებილია sheghebilia

FERMÉ POUR TRAVAUX	დაკეტილია სარემონტოდ dak'et'ilia saremont'od
TRAVAUX EN COURS	სარემონტო სამუშაოები saremont'o samushaoebi
DÉVIATION	შემოვლითი გზა shemovliti gza

Transport - Phrases générales

avion	თვითმფრინავი tvitmprinavi
train	მატარებელი mat'arebeli
bus, autobus	ავტობუსი avt'obusi
ferry	ბორანი borani
taxi	ტაქსი t'aksi
voiture	მანქანა mankana
horaire	განრიგი ganrigi
Où puis-je voir l'horaire?	სად შეიძლება განრიგის ნახვა? sad sheidzleba ganrigis nakhva?
jours ouvrables	სამუშაო დღეები samushao dgheebi
jours non ouvrables	დასვენების დღეები dasvenebis dgheebi
jours fériés	სადღესასწაულო დღეები sadghesasts'aulo dgheebi
DÉPART	გამგზავრება gamgzavreba
ARRIVÉE	ჩამოსვლა chamosvla
RETARDÉE	იგვიანებს igvianebs
ANNULÉE	გაუქმებულია gaukmebulia
prochain (train, etc.)	შემდეგი shemdegi
premier	პირველი p'irveli
dernier	ბოლო bolo
À quelle heure est le prochain ...?	როდის იქნება შემდეგი ...? rodis ikneba shemdegi ...?
À quelle heure est le premier ...?	როდის გადის პირველი ...? rodis gadis p'irveli ...?

À quelle heure est le dernier ...?

როდის გადის ბოლო ...?
rodis gadis bolo ...?

correspondance

გადაჯდომა
gadajdoma

prendre la correspondance

გადაჯდომის გაკეთება
gadajdomis gak'eteba

Dois-je prendre la correspondance?

გადაჯდომა მომიწევს?
gadajdoma momits'evs?

Acheter un billet

Où puis-je acheter des billets?	სად შემიძლია ვიყიდო ბილეთები? sad shemidzlia viqido biletebi?
billet	ბილეთი bileti
acheter un billet	ბილეთის ყიდვა biletis qidva
le prix d'un billet	ბილეთის ღირებულება biletis ghirebuleba

Pour aller où?	სად? sad?
Quelle destination?	რომელ სადგურამდე? romel sadguramde?
Je voudrais ...	მე მჭირდება ... me mch'irdeba ...
un billet	ერთი ბილეთი erti bileti
deux billets	ორი ბილეთი ori bileti
trois billets	სამი ბილეთი sami bileti

aller simple	ერთი მიმართულებით erti mimartulebit
aller-retour	იქით და უკან ikit da uk'an
première classe	პირველი კლასი p'irveli k'lasi
classe économique	მეორე კლასი meore k'lasi

aujourd'hui	დღეს dghes
demain	ხვალ khval
après-demain	ზეგ zeg

dans la matinée	დილით dilit
l'après-midi	დღისით dghisit
dans la soirée	საღამოს saghamos

siège côté couloir

ადგილი გასასვლელთან
adgili gasasvleltan

siège côté fenêtre

ადგილი ფანჯარასთან
adgili panjarastan

C'est combien?

რამდენი?
ramdeni?

Puis-je payer avec la carte?

შემიძლია ბარათით გადავიხადო?
shemidzlia baratit gadavikhado?

L'autobus

bus, autobus	ავტობუსი avt'obusi
autocar	საქალაქთაშორისო ავტობუსი sakalaktashoriso avt'obusi
arrêt d'autobus	ავტობუსის გაჩერება avt'obusis gachereba
Où est l'arrêt d'autobus le plus proche?	სად არის უახლოესი ავტობუსის გაჩერება? sad aris uakhloesi avt'obusis gachereba?

numéro	ნომერი nomeri
Quel bus dois-je prendre pour aller à …?	რომელი ავტობუსი მიდის …-მდე? romeli avt'obusi midis …-mde?
Est-ce que ce bus va à …?	ეს ავტობუსი მიდის …-მდე? es avt'obusi midis …-mde?
L'autobus passe tous les combien?	რამდენად ხშირად დადიან ავტობუსები? ramdenad khshirad dadian avt'obusebi?

chaque quart d'heure	ყოველ თხუთმეტ წუთში qovel tkhutmet' ts'utshi
chaque demi-heure	ყოველ ნახევარ საათში qovel nakhevar saatshi
chaque heure	ყოველ საათში qovel saatshi
plusieurs fois par jour	დღეში რამდენჯერმე dgheshi ramdenjerme
… fois par jour	…-ჯერ დღეში …-jer dgheshi

horaire	განრიგი ganrigi
Où puis-je voir l'horaire?	სად შეიძლება განრიგის ნახვა? sad sheidzleba ganrigis nakhva?
À quelle heure passe le prochain bus?	როდის იქნება შემდეგი ავტობუსი? rodis ikneba shemdegi avt'obusi?
À quelle heure passe le premier bus?	როდის გადის პირველი ავტობუსი? rodis gadis p'irveli avt'obusi?
À quelle heure passe le dernier bus?	როდის გადის ბოლო ავტობუსი? rodis gadis bolo avt'obusi?

arrêt

გაჩერება
gachereba

prochain arrêt

შემდეგი გაჩერება
shemdegi gachereba

terminus

ბოლო გაჩერება
bolo gachereba

Pouvez-vous arrêter ici, s'il vous plaît.

აქ გააჩერეთ, თუ შეიძლება.
ak gaacheret, tu sheidzleba.

Excusez-moi, c'est mon arrêt.

უკაცრავად, ეს ჩემი გაჩერებაა.
uk'atsravad, es chemi gacherebaa.

Train

train	მატარებელი mat'arebeli
train de banlieue	საგარეუბნო მატარებელი sagareubno mat'arebeli
train de grande ligne	შორი მიმოსვლის მატარებელი shori mimosvlis mat'arebeli
la gare	რკინიგზის სადგური rk'inigzis sadguri
Excusez-moi, où est la sortie vers les quais?	უკაცრავად, სად არის მატარებლებთან გასასვლელი? uk'atsravad, sad aris mat'areblebtan gasasvleli?

Est-ce que ce train va à …?	ეს მატარებელი მიდის ...-მდე? es mat'arebeli midis ...-mde?
le prochain train	შემდეგი მატარებელი shemdegi mat'arebeli
À quelle heure est le prochain train?	როდის იქნება შემდეგი მატარებელი? rodis ikneba shemdegi mat'arebeli?
Où puis-je voir l'horaire?	სად შეიძლება განრიგის ნახვა? sad sheidzleba ganrigis nakhva?
De quel quai?	რომელი ბაქნიდან? romeli baknidan?
À quelle heure arrive le train à …?	როდის ჩადის მატარებელი ...-ში? rodis chadis mat'arebeli ...-shi?

Pouvez-vous m'aider, s'il vous plaît?	დამეხმარეთ, თუ შეიძლება. damekhmaret, tu sheidzleba.
Je cherche ma place.	მე ვეძებ ჩემს ადგილს. me vedzeb chems adgils.
Nous cherchons nos places.	ჩვენ ვეძებთ ჩვენს ადგილებს. chven vedzebt chvens adgilebs.
Ma place est occupée.	ჩემი ადგილი დაკავებულია. chemi adgili dak'avebulia.
Nos places sont occupées.	ჩვენი ადგილები დაკავებულია. chveni adgilebi dak'avebulia.

Excusez-moi, mais c'est ma place.	უკაცრავად, მაგრამ ეს ჩემი ადგილია. uk'atsravad, magram es chemi adgilia.
Est-ce que cette place est libre?	ეს ადგილი თავისუფალია? es adgili tavisupalia?
Puis-je m'asseoir ici?	შემიძლია აქ დავჯდე? shemidzlia ak davjde?

Sur le train - Dialogue (Pas de billet)

Votre billet, s'il vous plaît.	თქვენი ბილეთი, თუ შეიძლება. tkveni bileti, tu sheidzleba.
Je n'ai pas de billet.	მე არა მაქვს ბილეთი. me ara makvs bileti.
J'ai perdu mon billet.	მე დავკარგე ჩემი ბილეთი. me davk'arge chemi bileti.
J'ai oublié mon billet à la maison.	მე ბილეთი სახლში დამრჩა. me bileti sakhlshi damrcha.

Vous pouvez m'acheter un billet.	თქვენ შეგიძლიათ იყიდოთ ბილეთი ჩემგან. tkven shegidzliat iqidot bileti chemgan.
Vous devrez aussi payer une amende.	თქვენ კიდევ მოგიწევთ ჯარიმის გადახდა. tkven k'idev mogits'evt jarimis gadakhda.
D'accord.	კარგი. k'argi.
Où allez-vous?	სად მიემგზავრებით? sad miemgzavrebit?
Je vais à ...	მე მივდივარ ...-მდე me mivdivar ...-mde

Combien? Je ne comprend pas.	რამდენი? არ მესმის. ramdeni? ar mesmis.
Pouvez-vous l'écrire, s'il vous plaît.	დამიწერეთ, თუ შეიძლება. damits'eret, tu sheidzleba.
D'accord. Puis-je payer avec la carte?	კარგი. შემიძლია ბარათით გადავიხადო? k'argi. shemidzlia baratit gadavikhado?
Oui, bien sûr.	დიახ, შეგიძლიათ. diakh, shegidzliat.

Voici votre reçu.	აი თქვენი ქვითარი. ai tkveni kvitari.
Désolé pour l'amende.	ვწუხვარ ჯარიმაზე. vts'ukhvar jarimaze.
Ça va. C'est de ma faute.	არა უშავს. ეს ჩემი ბრალია. ara ushavs. es chemi bralia.
Bon voyage.	სასიამოვნო მგზავრობას გისურვებთ. sasiamovno mgzavrobas gisurvebt.

Taxi

taxi	ტაქსი t'aksi
chauffeur de taxi	ტაქსისტი t'aksist'i
prendre un taxi	ტაქსის დაჭერა t'aksis dach'era
arrêt de taxi	ტაქსის გაჩერება t'aksis gachereba
Où puis-je trouver un taxi?	სად შემიძლია ტაქსის გაჩერება? sad shemidzlia t'aksis gachereba?
appeler un taxi	ტაქსის გამოძახება t'aksis gamodzakheba
Il me faut un taxi.	მე მჭირდება ტაქსი. me mch'irdeba t'aksi.
maintenant	პირდაპირ ახლა. p'irdap'ir akhla.
Quelle est votre adresse?	თქვენი მისამართი? tkveni misamarti?
Mon adresse est ...	ჩემი მიასამართია ... chemi miasamartia ...
Votre destination?	სად უნდა გაემგზავროთ? sad unda gaemgzavrot?
Excusez-moi, ...	უკაცრავად, ... uk'atsravad, ...
Vous êtes libre ?	თქვენ თავისუფალი ხართ? tkven tavisupali khart?
Combien ça coûte pour aller à ...?	რა ღირს წასვლა ...-მდე? ra ghirs ts'asvla ...-mde?
Vous savez où ça se trouve?	თქვენ იცით, სად არის ეს? tkven itsit, sad aris es?
À l'aéroport, s'il vous plaît.	აეროპორტში, თუ შეიძლება. aerop'ort'shi, tu sheidzleba.
Arrêtez ici, s'il vous plaît.	აქ გააჩერეთ, თუ შეიძლება. ak gaacheret, tu sheidzleba.
Ce n'est pas ici.	ეს აქ არ არის. es ak ar aris.
C'est la mauvaise adresse.	ეს არასწორი მისამართია. es arasts'ori misamartia.
tournez à gauche	ახლა მარცხნივ. akhla martskhniv.
tournez à droite	ახლა მარჯვნივ. akhla marjvniv.

Combien je vous dois?

რამდენი უნდა გადაგიხადოთ?
ramdeni unda gadagikhadot?

J'aimerais avoir un reçu, s'il vous plaît.

ჩეკი მომეცით, თუ შეიძლება.
chek'i mometsit, tu sheidzleba.

Gardez la monnaie.

ხურდა არ მინდა.
khurda ar minda.

Attendez-moi, s'il vous plaît ...

დამელოდეთ, თუ შეიძლება.
damelodet, tu sheidzleba.

cinq minutes

ხუთი წუთი
khuti ts'uti

dix minutes

ათი წუთი
ati ts'uti

quinze minutes

თხუთმეტი წუთი
tkhutmet'i ts'uti

vingt minutes

ოცი წუთი
otsi ts'uti

une demi-heure

ნახევარი საათი
nakhevari saati

Hôtel

Bonjour.	გამარჯობა. gamarjoba.
Je m'appelle ...	მე მქვია ... me mkvia ...
J'ai réservé une chambre.	მე დავჯავშნე ნომერი. me davjavshne nomeri.

Je voudrais ...	მე მჭირდება ... me mch'irdeba ...
une chambre simple	ერთადგილიანი ნომერი ertadgiliani nomeri
une chambre double	ორადგილიანი ნომერი oradgiliani nomeri
C'est combien?	რა ღირს? ra ghirs?
C'est un peu cher.	ეს ცოტა ძვირია. es tsot'a dzviria.

Avez-vous autre chose?	გაქვთ კიდევ რამე? gakvt k'idev rame?
Je vais la prendre.	მე ავიღებ ამას. me avigheb amas.
Je vais payer comptant.	მე ნაღდით გადავიხდი. me naghdit gadavikhdi.

J'ai un problème.	პრობლემა მაქვს. p'roblema makvs.
Mon ... est cassé /Ma ... est cassée/	ჩემთან გაფუჭებულია ... chemtan gapuch'ebulia ...
Mon /Ma/ ... ne fonctionne pas.	ჩემთან არ მუშაობს ... chemtan ar mushaobs ...
télé	ტელევიზორი t'elevizori
air conditionné	კონდიციონერი k'onditsioneri
robinet	ონკანი onk'ani

douche	შხაპი shkhap'i
évier	ნიჟარა nizhara
coffre-fort	სეიფი seipi

serrure de porte	საკეტი sak'et'i
prise électrique	როზეტი rozet'i
sèche-cheveux	ფენი peni

Je n'ai pas ...	მე არა მაქვს ... me ara makvs ...
d'eau	წყალი ts'qali
de lumière	სინათლე sinatle
d'électricité	დენი deni

Pouvez-vous me donner ...?	შეგიძლიათ მომცეთ ...? shegidzliat momtset ...?
une serviette	პირსახოცი p'irsakhotsi
une couverture	საბანი sabani
des pantoufles	ჩუსტები, ფლოსტები, ქოშები chust'ebi, plost'ebi, koshebi
une robe de chambre	ხალათი khalati
du shampoing	შამპუნი shamp'uni
du savon	საპონი sap'oni

Je voudrais changer ma chambre.	მე მინდა გამოვცვალო ნომერი. me minda gamovtsvalo nomeri.
Je ne trouve pas ma clé.	ვერ ვპოულობ ჩემს გასაღებს. ver vp'oulob chems gasaghebs.
Pourriez-vous ouvrir ma chambre, s'il vous plaît?	გამიღეთ ჩემი ნომერი, თუ შეიძლება. gamighet chemi nomeri, tu sheidzleba.
Qui est là?	ვინ არის? vin aris?
Entrez!	მობრძანდით! mobrdzandit!
Une minute!	ერთი წუთით! erti ts'utit!
Pas maintenant, s'il vous plaît.	თუ შეიძლება, ახლა არა. tu sheidzleba, akhla ara.

Pouvez-vous venir à ma chambre, s'il vous plaît.	შემობრძანდით ჩემთან, თუ შეიძლება. shemobrdzandit chemtan, tu sheidzleba.
Mon numéro de chambre est le ...	ჩემი ოთახის ნომერია ... chemi otakhis nomeria ...

J'aimerais avoir le service d'étage.	მე მინდა შევუკვეთო საჭმელი ნომერში. me minda shevuk'veto sach'meli nomershi.
Je pars ...	მე მივემგზავრები ... me mivemgzavrebi ...
Nous partons ...	ჩვენ მივემგზავრებით ... chven mivemgzavrebit ...
maintenant	ახლა akhla
cet après-midi	დღეს სადილის შემდეგ dghes sadilis shemdeg
ce soir	დღეს საღამოს dghes saghamos
demain	ხვალ khval
demain matin	ხვალ დილით khval dilit
demain après-midi	ხვალ საღამოს khval saghamos
après-demain	ზეგ zeg

Je voudrais régler mon compte.	მე მინდა გავასწორო ანგარიში. me minda gavasts'oro angarishi.
Tout était merveilleux.	ყველაფერი შესანიშნავი იყო. qvelaperi shesanishnavi iqo.
Où puis-je trouver un taxi?	სად შემიძლია ტაქსის გაჩერება? sad shemidzlia t'aksis gachereba?
Pourriez-vous m'appeler un taxi, s'il vous plaît?	გამომიძახეთ ტაქსი, თუ შეიძლება. gamomidzakhet t'aksi, tu sheidzleba.

Restaurant

Puis-je voir le menu, s'il vous plaît?	შემიძლია ვნახო თქვენი მენიუ? shemidzlia vnakho tkveni meniu?
Une table pour une personne.	მაგიდა ერთი კაცისთვის. magida erti k'atsistvis.
Nous sommes deux (trois, quatre).	ჩვენ ორნი (სამნი, ოთხნი) ვართ. chven orni (samni, otkhni) vart.

Fumeurs	მწეველებისთვის mts'evelebistvis
Non-fumeurs	არამწეველებისთვის aramts'evelebistvis
S'il vous plaît!	თუ შეიძლება! tu sheidzleba!
menu	მენიუ meniu
carte des vins	ღვინის ბარათი ghvinis barati
Le menu, s'il vous plaît.	მენიუ, თუ შეიძლება. meniu, tu sheidzleba.

Êtes-vous prêts à commander?	თქვენ მზად ხართ შეკვეთის გასაკეთებლად? tkven mzad khart shek'vetis gasak'eteblad?
Qu'allez-vous prendre?	რას შეუკვეთავთ? ras sheuk'vetavt?
Je vais prendre …	მე მინდა … me minda …

Je suis végétarien.	მე ვეგეტარიანელი ვარ. me veget'arianeli var.
viande	ხორცი khortsi
poisson	თევზი tevzi
légumes	ბოსტნეული bost'neuli

Avez-vous des plats végétariens?	თქვენ გაქვთ ვეგეტარიანული კერძები? tkven gakvt veget'arianuli k'erdzebi?
Je ne mange pas de porc.	მე არ ვჭამ ღორის ხორცს. me ar vch'am ghoris khortss.
Il /elle/ ne mange pas de viande.	ის არ ჭამს ხორცს. is ar ch'ams khortss.

Je suis allergique à ...	მე ალერგია მაქვს ...-ზე me alergia makvs ...-ze
Pourriez-vous m'apporter ..., s'il vous plaît.	მომიტანეთ, თუ შეიძლება, ... momit'anet, tu sheidzleba, ...
le sel | le poivre | du sucre	მარილი | პილპილი | შაქარი marili | p'ilp'ili | shakari
un café | un thé | un dessert	ყავა | ჩაი | დესერტი qava | chai | desert'i
de l'eau | gazeuse | plate	წყალი | გაზიანი | უგაზო ts'qali | gaziani | ugazo
une cuillère | une fourchette | un couteau	კოვზი | ჩანგალი | დანა k'ovzi | changali | dana
une assiette | une serviette	თეფში | ხელსახოცი tepshi | khelsakhotsi

Bon appétit!	გემრიელად მიირთვით! gemrielad miirtvit!
Un de plus, s'il vous plaît.	კიდევ მომიტანეთ, თუ შეიძლება. k'idev momit'anet, tu sheidzleba.
C'était délicieux.	ძალიან გემრიელი იყო. dzalian gemrieli iqo.

l'addition | de la monnaie | le pourboire	ანგარიში | ხურდა | ჩაის ფული angarishi | khurda | chais puli
L'addition, s'il vous plaît.	ანგარიში, თუ შეიძლება. angarishi, tu sheidzleba.
Puis-je payer avec la carte?	შემიძლია ბარათით გადავიხადო? shemidzlia baratit gadavikhado?
Excusez-moi, je crois qu'il y a une erreur ici.	უკაცრავად, აქ შეცდომაა. uk'atsravad, ak shetsdomaa.

Shopping. Faire les Magasins

Est-ce que je peux vous aider?
შემიძლია დაგეხმაროთ?
shemidzlia dagekhmarot?

Avez-vous … ?
თქვენ გაქვთ …?
tkven gakvt …?

Je cherche …
მე ვეძებ …
me vedzeb …

Il me faut …
მე მჭირდება …
me mch'irdeba …

Je regarde seulement, merci.
მე უბრალოდ ვათვალიერებ.
me ubralod vatvaliereb.

Nous regardons seulement, merci.
ჩვენ უბრალოდ ვათვალიერებთ.
chven ubralod vatvalierebt.

Je reviendrai plus tard.
მე მოგვიანებით მოვალ.
me mogvianebit moval.

On reviendra plus tard.
ჩვენ მოგვიანებით მოვალთ.
chven mogvianebit movalt.

Rabais | Soldes
ფასდაკლება | გაყიდვა ფასდაკლებით
pasdak'leba | gaqidva pasdak'lebit

Montrez-moi, s'il vous plaît …
მაჩვენეთ, თუ შეიძლება …
machvenet, tu sheidzleba …

Donnez-moi, s'il vous plaît …
მომეცით, თუ შეიძლება …
mometsit, tu sheidzleba …

Est-ce que je peux l'essayer?
შეიძლება ეს მოვიზომო?
sheidzleba es movizomo?

Excusez-moi, où est la cabine d'essayage?
უკაცრავად, სად არის ტანსაცმლის მოსაზომი?
uk'atsravad, sad aris t'ansatsmlis mosazomi?

Quelle couleur aimeriez-vous?
რომელი ფერი გნებავთ?
romeli peri gnebavt?

taille | longueur
ზომა | სიმაღლე
zoma | simaghle

Est-ce que la taille convient ?
მოგერგოთ?
mogergot?

Combien ça coûte?
რა ღირს ეს?
ra ghirs es?

C'est trop cher.
ეს ძალიან ძვირია.
es dzalian dzviria.

Je vais le prendre.
მე ამას ავიღებ.
me amas avigheb.

Excusez-moi, où est la caisse?	უკაცრავად, სად არის სალარო? uk'atsravad, sad aris salaro?
Payerez-vous comptant ou par carte de crédit?	როგორ გადაიხდით? ნაღდით თუ საკრედიტო ბარათით? rogor gadaikhdit? naghdit tu sak'redit'o baratit?
Comptant | par carte de crédit	ნაღდით | ბარათით naghdit | baratit

Voulez-vous un reçu?	თქვენ გჭირდებათ ჩეკი? tkven gch'irdebat chek'i?
Oui, s'il vous plaît.	დიახ, თუ შეიძლება. diakh, tu sheidzleba.
Non, ce n'est pas nécessaire.	არა, არ არის საჭირო. გმადლობთ. ara, ar aris sach'iro. gmadlobt.
Merci. Bonne journée!	გმადლობთ. კარგად ბრძანდებოდეთ! gmadlobt. k'argad brdzandebodet!

En ville

Excusez-moi, ...	უკაცრავად, თუ შეიძლება ... uk'atsravad, tu sheidzleba ...
Je cherche ...	მე ვეძებ ... me vedzeb ...

le métro	მეტროს met'ros
mon hôtel	ჩემს სასტუმროს chems sast'umros
le cinéma	კინოთეატრს k'inoteat'rs
un arrêt de taxi	ტაქსის გაჩერებას t'aksis gacherebas

un distributeur	ბანკომატს bank'omat's
un bureau de change	ვალუტის გაცვლას valut'is gatsvlas
un café internet	ინტერნეტ-კაფეს int'ernet'-k'apes
la rue ...	... ქუჩას ... kuchas
cette place-ci	აი ამ ადგილს ai am adgils

Savez-vous où se trouve ...?	თქვენ არ იცით, სად მდებარეობს ...? tkven ar itsit, sad mdebareobs ...?
Quelle est cette rue?	რა ჰქვია ამ ქუჩას? ra hkvia am kuchas?
Montrez-moi où sommes-nous, s'il vous plaît.	მაჩვენეთ, სად ვართ ახლა. machvenet, sad vart akhla.

Est-ce que je peux y aller à pied?	მე მივალ იქამდე ფეხით? me mival ikamde pekhit?
Avez-vous une carte de la ville?	თქვენ გაქვთ ქალაქის რუკა? tkven gakvt kalakis ruk'a?

C'est combien pour un ticket?	რა ღირს შესასვლელი ბილეთი? ra ghirs shesasvleli bileti?
Est-ce que je peux faire des photos?	აქ შეიძლება ფოტოგადაღება? ak sheidzleba pot'ogadagheba?
Êtes-vous ouvert?	თქვენთან ღიაა? tkventan ghiaa?

À quelle heure ouvrez-vous?

რომელ საათზე გაიხსნებით?
romel saatze gaikhsnebit?

À quelle heure fermez-vous?

რომელ საათამდე მუშაობთ?
romel saatamde mushaobt?

L'argent

argent	ფული puli
argent liquide	ნაღდი ფული naghdi puli
des billets	ქაღალდის ფული kaghaldis puli
petite monnaie	ხურდა ფული khurda puli
l'addition | de la monnaie | le pourboire	ანგარიში | ხურდა | ჩაის ფული angarishi | khurda | chais puli

carte de crédit	საკრედიტო ბარათი sak'redit'o barati
portefeuille	საფულე sapule
acheter	ყიდვა, შეძენა qidva, shedzena
payer	გადახდა gadakhda
amende	ჯარიმა jarima
gratuit	უფასოდ upasod

Où puis-je acheter ... ?	სად შემიძლია ვიყიდო ...? sad shemidzlia viqido ...?
Est-ce que la banque est ouverte en ce moment?	ბანკი ახლა ღიაა? bank'i akhla ghiaa?
À quelle heure ouvre-t-elle?	რომელ საათზე იღება? romel saatze igheba?
À quelle heure ferme-t-elle?	რომელ საათამდე მუშაობს? romel saatamde mushaobs?

C'est combien?	რამდენი? ramdeni?
Combien ça coûte?	რა ღირს ეს? ra ghirs es?
C'est trop cher.	ეს ძალიან ძვირია. es dzalian dzviria.

Excusez-moi, où est la caisse?	უკაცრავად, სად არის სალარო? uk'atsravad, sad aris salaro?
L'addition, s'il vous plaît.	ანგარიში, თუ შეიძლება. angarishi, tu sheidzleba.

Puis-je payer avec la carte?	შემიძლია ბარათით გადავიხადო? shemidzlia baratit gadavikhado?
Est-ce qu'il y a un distributeur ici?	აქ არის ბანკომატი? ak aris bank'omat'i?
Je cherche un distributeur.	მე მჭირდება ბანკომატი. me mch'irdeba bank'omat'i.

Je cherche un bureau de change.	მე ვეძებ ვალუტის გადამცვლელს. me vedzeb valut'is gadamtsvlels.
Je voudrais changer …	მე მინდა გადავცვალო … me minda gadavtsvalo …
Quel est le taux de change?	როგორია გაცვლითი კურსი? rogoria gatsvliti k'ursi?
Avez-vous besoin de mon passeport?	გჭირდებათ ჩემი პასპორტი? gch'irdebat chemi p'asp'ort'i?

Le temps

Quelle heure est-il?	რომელი საათია? romeli saatia?
Quand?	როდის? rodis?

À quelle heure?	რომელ საათზე? romel saatze?
maintenant | plus tard | après …	ახლა | მოგვიანებით | … შემდეგ akhla | mogvianebit | … shemdeg

une heure	დღის პირველი საათი dghis p'irveli saati
une heure et quart	პირველი საათი და თხუთმეტი წუთი p'irveli saati da tkhutmet'i ts'uti
une heure et demie	პირველი საათი და ოცდაათი წუთი p'irveli saati da otsdaati ts'uti
deux heures moins quart	ორს აკლია თხუთმეტი წუთი ors ak'lia tkhutmet'i ts'uti

un | deux | trois	ერთი | ორი | სამი erti | ori | sami
quatre | cinq | six	ოთხი | ხუთი | ექვსი otkhi | khuti | ekvsi
sept | huit | neuf	შვიდი | რვა | ცხრა shvidi | rva | tskhra
dix | onze | douze	ათი | თერთმეტი | თორმეტი ati | tertmet'i | tormet'i

dans …	…-ის შემდეგ …-is shemdeg
cinq minutes	ხუთი წუთის khuti ts'utis
dix minutes	ათი წუთის ati ts'utis
quinze minutes	თხუთმეტი წუთის tkhutmet'i ts'utis
vingt minutes	ოცი წუთის otsi ts'utis

une demi-heure	ნახევარ საათში nakhevar saatshi
une heure	ერთ საათში ert saatshi

dans la matinée	დილით dilit
tôt le matin	დილით ადრე dilit adre
ce matin	დღეს დილით dghes dilit
demain matin	ხვალ დილით khval dilit

à midi	სადილზე sadilze
dans l'après-midi	სადილის შემდეგ sadilis shemdeg
dans la soirée	საღამოს saghamos
ce soir	დღეს საღამოს dghes saghamos

la nuit	ღამით ghamit
hier	გუშინ gushin
aujourd'hui	დღეს dghes
demain	ხვალ khval
après-demain	ზეგ zeg

Quel jour sommes-nous aujourd'hui?	დღეს რა დღეა? dghes ra dghea?
Nous sommes ...	დღეს ... dghes ...
lundi	ორშაბათი orshabati
mardi	სამშაბათი samshabati
mercredi	ოთხშაბათი otkhshabati

jeudi	ხუთშაბათი khutshabati
vendredi	პარასკევი p'arask'evi
samedi	შაბათი shabati
dimanche	კვირა k'vira

Salutations - Introductions

Bonjour.	გამარჯობა.
	gamarjoba.
Enchanté /Enchantée/	მოხარული ვარ თქვენი გაცნობით.
	mokharuli var tkveni gatsnobit.
Moi aussi.	მეც.
	mets.
Je voudrais vous présenter ...	გაიცანით. ეს არის ...
	gaitsanit. es aris ...
Ravi /Ravie/ de vous rencontrer.	ძალიან სასიამოვნოა.
	dzalian sasiamovnoa.

Comment allez-vous?	როგორ ხართ? როგორ არის თქვენი საქმეები?
	rogor khart? rogor aris tkveni sakmeebi?
Je m'appelle ...	მე მქვია ...
	me mkvia ...
Il s'appelle ...	მას ჰქვია ...
	mas hkvia ...
Elle s'appelle ...	მას ჰქვია ...
	mas hkvia ...
Comment vous appelez-vous?	რა გქვიათ?
	ra gkviat?
Quel est son nom?	რა ჰქვია მას?
	ra hkvia mas?
Quel est son nom?	რა ჰქვია მას?
	ra hkvia mas?

Quel est votre nom de famille?	რა გვარი ხართ?
	ra gvari khart?
Vous pouvez m'appeler ...	დამიძახეთ ...
	damidzakhet ...
D'où êtes-vous?	საიდან ხართ?
	saidan khart?
Je suis de ...	მე ...-დან ვარ
	me ...-dan var
Qu'est-ce que vous faites dans la vie?	რად მუშაობთ?
	rad mushaobt?

Qui est-ce?	ვინ არის ეს?
	vin aris es?
Qui est-il?	ვინ არის ის?
	vin aris is?

Qui est-elle?	ვინ არის ის? vin aris is?
Qui sont-ils?	ვინ არიან ისინი? vin arian isini?

C'est ...	ეს არის ... es aris ...
mon ami	ჩემი მეგობარი chemi megobari
mon amie	ჩემი მეგობარი chemi megobari
mon mari	ჩემი ქმარი chemi kmari
ma femme	ჩემი ცოლი chemi tsoli

mon père	ჩემი მამა chemi mama
ma mère	ჩემი დედა chemi deda
mon frère	ჩემი ძმა chemi dzma
ma sœur	ჩემი და chemi da
mon fils	ჩემი ვაჟი chemi vazhi
ma fille	ჩემი ქალიშვილი chemi kalishvili

C'est notre fils.	ეს ჩვენი ვაჟიშვილია. es chveni vazhishvilia.
C'est notre fille.	ეს ჩვენი ქალიშვილია. es chveni kalishvilia.
Ce sont mes enfants.	ეს ჩემი შვილები არიან. es chemi shvilebi arian.
Ce sont nos enfants.	ეს ჩვენი შვილები არიან. es chveni shvilebi arian.

Les adieux

Au revoir!	**ნახვამდის!** nakhvamdis!
Salut!	**კარგად!** k'argad!
À demain.	**ხვალამდე.** khvalamde.
À bientôt.	**შეხვედრამდე.** shekhvedramde.
On se revoit à sept heures.	**შვიდზე შევხვდებით.** shvidze shevkhvdebit.
Amusez-vous bien!	**გაერთეთ!** gaertet!
On se voit plus tard.	**ვისაუბროთ მოგვიანებით.** visaubrot mogvianebit.
Bonne fin de semaine.	**წარმატებულ დასვენების დღეებს გისურვებთ.** ts'armat'ebul dasvenebis dgheebs gisurvebt.
Bonne nuit.	**ღამე მშვიდობისა.** ghame mshvidobisa.
Il est l'heure que je parte.	**ჩემი წასვლის დროა.** chemi ts'asvlis droa.
Je dois m'en aller.	**მე უნდა წავიდე.** me unda ts'avide.
Je reviens tout de suite.	**ახლავე დავბრუნდები.** akhlave davbrundebi.
Il est tard.	**უკვე გვიანია.** uk've gviania.
Je dois me lever tôt.	**მე ადრე უნდა ავდგე.** me adre unda avdge.
Je pars demain.	**მე ხვალ მივდივარ.** me khval mivdivar.
Nous partons demain.	**ჩვენ ხვალ მივდივართ.** chven khval mivdivart.
Bon voyage!	**ბედნიერ მგზავრობას გისურვებთ!** bednier mgzavrobas gisurvebt!
Enchanté de faire votre connaissance.	**სასიამოვნო იყო თქვენი გაცნობა.** sasiamovno iqo tkveni gatsnoba.

Heureux /Heureuse/ d'avoir parlé avec vous.	სასიამოვნო იყო თქვენთან ურთიერთობა. sasiamovno iqo tkventan urtiertoba.
Merci pour tout.	გმადლობთ ყველაფრისთვის. gmadlobt qvelapristvis.

Je me suis vraiment amusé /amusée/	მე საუცხოოდ გავატარე დრო. me sautskhood gavat'are dro.
Nous nous sommes vraiment amusés /amusées/	ჩვენ საუცხოოდ გავატარეთ დრო. chven sautskhood gavat'aret dro.
C'était vraiment plaisant.	ყველაფერი ჩინებული იყო. qvelaperi chinebuli iqo.
Vous allez me manquer.	მე მომენატრებით. me momenat'rebit.
Vous allez nous manquer.	ჩვენ მოგვენატრებით. chven mogvenat'rebit.

Bonne chance!	წარმატებებს გისურვებთ! ბედნიერად! ts'armat'ebebs gisurvebt! bednierad!
Mes salutations à ...	მოკითხვა გადაეცით ... mok'itkhva gadaetsit ...

Une langue étrangère

Je ne comprends pas.	მე არ მესმის. me ar mesmis.
Écrivez-le, s'il vous plaît.	დაწერეთ ეს, თუ შეიძლება. dats'eret es, tu sheidzleba.
Parlez-vous ...?	თქვენ იცით ...? tkven itsit ...?

Je parle un peu ...	მე ცოტა ვიცი ... me tsot'a vitsi ...
anglais	ინგლისური inglisuri

turc	თურქული turkuli
arabe	არაბული arabuli
français	ფრანგული pranguli

allemand	გერმანული germanuli
italien	იტალიური it'aliuri
espagnol	ესპანური esp'anuri

portugais	პორტუგალიური p'ort'ugaliuri
chinois	ჩინური chinuri
japonais	იაპონური iap'onuri

Pouvez-vous le répéter, s'il vous plaît.	გაიმეორეთ, თუ შეიძლება. gaimeoret, tu sheidzleba.
Je comprends.	მე მესმის. me mesmis.
Je ne comprends pas.	მე არ მესმის. me ar mesmis.
Parlez plus lentement, s'il vous plaît.	ილაპარაკეთ უფრო ნელა, თუ შეიძლება. ilap'arak'et upro nela, tu sheidzleba.

Est-ce que c'est correct?

ეს სწორია?
es sts'oria?

Qu'est-ce que c'est?

რა არის ეს?
ra aris es?

Les excuses

Excusez-moi, s'il vous plaît.	ბოდიში, უკაცრავად. bodishi, uk'atsravad.
Je suis désolé /désolée/	მე ვწუხვარ. me vts'ukhvar.
Je suis vraiment /désolée/	მე ძალიან ვწუხვარ. me dzalian vts'ukhvar.
Désolé /Désolée/, c'est ma faute.	დამნაშავე ვარ, ეს ჩემი ბრალია. damnashave var, es chemi bralia.
Au temps pour moi.	ჩემი შეცდომაა. chemi shetsdomaa.
Puis-je ... ?	მე შემიძლია ...? me shemidzlia ...?
Ça vous dérange si je ...?	წინააღმდეგი ხომ არ იქნებით, მე რომ ...? ts'inaaghmdegi khom ar iknebit, me rom ...?
Ce n'est pas grave.	არა უშავს. ara ushavs.
Ça va.	ყველაფერი წესრიგშია. qvelaperi ts'esrigshia.
Ne vous inquiétez pas.	ნუ შეწუხდებით. nu shets'ukhdebit.

Les accords

Oui	დიახ. diakh.
Oui, bien sûr.	დიახ, რა თქმა უნდა. diakh, ra tkma unda.
Bien.	კარგი! k'argi!
Très bien.	ძალიან კარგი. dzalian k'argi.
Bien sûr!	რა თქმა უნდა! ra tkma unda!
Je suis d'accord.	მე თანახმა ვარ. me tanakhma var.

C'est correct.	სწორია. sts'oria.
C'est exact.	სწორია. sts'oria.
Vous avez raison.	თქვენ მართალი ხართ. tkven martali khart.
Je ne suis pas contre.	მე წინააღმდეგი არა ვარ. me ts'inaaghmdegi ara var.
Tout à fait correct.	სრული ჭეშმარიტებაა. sruli ch'eshmarit'ebaa.

C'est possible.	ეს შესაძლებელია. es shesadzlebelia.
C'est une bonne idée.	ეს კარგი აზრია. es k'argi azria.
Je ne peux pas dire non.	უარს ვერ ვიტყვი. uars ver vit'qvi.
J'en serai ravi /ravie/	მოხარული ვიქნები. mokharuli viknebi.
Avec plaisir.	სიამოვნებით. siamovnebit.

Refus, exprimer le doute

Non	არა. ara.
Absolument pas.	რა თქმა უნდა არა. ra tkma unda ara.
Je ne suis pas d'accord.	მე თანახმა არ ვარ. me tanakhma ar var.
Je ne le crois pas.	მე ასე არ ვფიქრობ. me ase ar vpikrob.
Ce n'est pas vrai.	ეს მართალი არაა. es martali araa.
Vous avez tort.	თქვენ არ ხართ მართალი. tkven ar khart martali.
Je pense que vous avez tort.	მე მგონია, რომ თქვენ მართალი არ ხართ. me mgonia, rom tkven martali ar khart.
Je ne suis pas sûr /sûre/	დარწმუნებული არ ვარ. darts'munebuli ar var.
C'est impossible.	ეს შეუძლებელია. es sheudzlebelia.
Pas du tout!	ნურას უკაცრავად! nuras uk'atsravad!
Au contraire!	პირიქით! p'irikit!
Je suis contre.	მე წინააღმდეგი ვარ. me ts'inaaghmdegi var.
Ça m'est égal.	ჩემთვის სულ ერთია. chemtvis sul ertia.
Je n'ai aucune idée.	აზრზე არ ვარ. azrze ar var.
Je doute que cela soit ainsi.	მეეჭვება, რომ ეს ასეა. meech'veba, rom es asea.
Désolé /Désolée/, je ne peux pas.	ბოდიში, მე არ შემიძლია. bodishi, me ar shemidzlia.
Désolé /Désolée/, je ne veux pas.	ბოდიში, მე არ მინდა. bodishi, me ar minda.
Merci, mais ça ne m'intéresse pas.	გმადლობთ, მე ეს არ მჭირდება. gmadlobt, me es ar mch'irdeba.
Il se fait tard.	უკვე გვიანია. uk've gviania.

Je dois me lever tôt.

მე ადრე უნდა ავდგე.
me adre unda avdge.

Je ne me sens pas bien.

მე შეუძლოდ ვარ.
me sheudzlod var.

Exprimer la gratitude

Merci.	გმადლობთ. gmadlobt.
Merci beaucoup.	დიდი მადლობა. didi madloba.
Je l'apprécie beaucoup.	ძალიან მადლიერი ვარ. dzalian madlieri var.
Je vous suis très reconnaissant.	მე თქვენი მადლობელი ვარ. me tkveni madlobeli var.
Nous vous sommes très reconnaissant.	ჩვენ თქვენი მადლიერნი ვართ. chven tkveni madlierni vart.
Merci pour votre temps.	გმადლობთ, რომ დრო დახარჯეთ. gmadlobt, rom dro dakharjet.
Merci pour tout.	მადლობა ყველაფრისთვის. madloba qvelapristvis.
Merci pour ...	მადლობა ...-თვის madloba ...-tvis
votre aide	თქვენი დახმარებისთვის tkveni dakhmarebistvis
les bons moments passés	კარგი დროისთვის k'argi droistvis
un repas merveilleux	მშვენიერი საჭმელისთვის mshvenieri sach'melistvis
cette agréable soirée	სასიამოვნო საღამოსთვის sasiamovno saghamostvis
cette merveilleuse journée	შესანიშნავი დღისთვის shesanishnavi dghistvis
une excursion extraordinaire	საინტერესო ექსკურსიისთვის. saint'ereso eksk'ursiistvis.
Il n'y a pas de quoi.	არაფერს. arapers.
Vous êtes les bienvenus.	არ ღირს სამადლობლად. ar ghirs samadloblad.
Mon plaisir.	ყოველთვის მზად ვარ. qoveltvis mzad var.
J'ai été heureux /heureuse/ de vous aider.	მოხარული ვიყავი დაგეხმარებოდით. mokharuli viqavi dagkhmarebodit.
Ça va. N'y pensez plus.	დაივიწყეთ. ყველაფერი წესრიგშია. daivits'qet. qvelaperi ts'esrigshia.
Ne vous inquiétez pas.	ნუ ღელავთ. nu ghelavt.

Félicitations. Vœux de fête

Félicitations!	გილოცავთ! gilotsavt!
Joyeux anniversaire!	გილოცავთ დაბადების დღეს! gilotsavt dabadebis dghes!
Joyeux Noël!	ბედნიერ შობას გისურვებთ! bednier shobas gisurvebt!
Bonne Année!	გილოცავთ ახალ წელს! gilotsavt akhal ts'els!
Joyeuses Pâques!	ნათელ აღდგომას გილოცავთ! natel aghdgomas gilotsavt!
Joyeux Hanoukka!	ბედნიერ ჰანუკას გისურვებთ! bednier hanuk'as gisurvebt!
Je voudrais proposer un toast.	მე მაქვს სადღეგრძელო. me makvs sadghegrdzelo.
Santé!	გაგიმარჯოთ! gagimarjot!
Buvons à ...!	დავლიოთ ...! davliot ...!
À notre succès!	ჩვენი წარმატების იყოს! chveni ts'armat'ebis iqos!
À votre succès!	თქვენი წარმატების იყოს! tkveni ts'armat'ebis iqos!
Bonne chance!	წარმატებას გისურვებთ! ts'armat'ebas gisurvebt!
Bonne journée!	სასიამოვნო დღეს გისურვებთ! sasiamovno dghes gisurvebt!
Passez de bonnes vacances !	კარგ დასვენებას გისურვებთ! k'arg dasvenebas gisurvebt!
Bon voyage!	გისურვებთ წარმატებულ მგზავრობას! gisurvebt ts'armat'ebul mgzavrobas!
Rétablissez-vous vite.	გისურვებთ მალე გამოჯანმრთელებას! gisurvebt male gamojanmrtelebas!

Socialiser

Pourquoi êtes-vous si triste?	რატომ ხართ უხასიათოდ? rat'om khart ukhasiatod?
Souriez!	გაიღიმეთ! gaighimet!
Êtes-vous libre ce soir?	თქვენ არ ხართ დაკავებული დღეს საღამოს? tkven ar khart dak'avebuli dghes saghamos?

Puis-je vous offrir un verre?	მე შემიძლია შემოგთავაზოთ დალევა? me shemidzlia shemogtavazot daleva?
Voulez-vous danser?	არ გინდათ ცეკვა? ar gindat tsek'va?
Et si on va au cinéma?	იქნებ კინოში წავიდეთ? ikneb k'inoshi ts'avidet?

Puis-je vous inviter ...	შემიძლია დაგპატიჟოთ ...-ში? shemidzlia dagp'at'izhot ...-shi?
au restaurant	რესტორანში rest'oranshi
au cinéma	კინოში k'inoshi
au théâtre	თეატრში teat'rshi
pour une promenade	სასეირნოდ saseirnod

À quelle heure?	რომელ საათზე? romel saatze?
ce soir	დღეს საღამოს dghes saghamos
à six heures	ექვს საათზე ekvs saatze
à sept heures	შვიდ საათზე shvid saatze
à huit heures	რვა საათზე rva saatze
à neuf heures	ცხრა საათზე tskhra saatze

Est-ce que vous aimez cet endroit?	თქვენ აქ მოგწონთ? tkven ak mogts'ont?
Êtes-vous ici avec quelqu'un?	თქვენ აქ ვინმესთან ერთად ხართ? tkven ak vinmestan ertad khart?

Je suis avec mon ami.	მე მეგობართან ერთად ვარ. me megobartan ertad var.
Je suis avec mes amis.	მე მეგობრებთან ერთად ვარ. me megobrebtan ertad var.
Non, je suis seul /seule/	მე მარტო ვარ. me mart'o var.

As-tu un copain?	შენ მეგობარი ვაჟი გყავს? shen megobari vazhi gqavs?
J'ai un copain.	მე მყავს მეგობარი ვაჟი. me mqavs megobari vazhi.
As-tu une copine?	შენ გყავს მეგობარი გოგონა? shen gqavs megobari gogona?
J'ai une copine.	მე მყავს მეგობარი გოგონა. me mqavs megobari gogona.

Est-ce que je peux te revoir?	ჩვენ კიდევ შევხვდებით? chven k'idev shevkhvdebit?
Est-ce que je peux t'appeler?	შეიძლება დაგირეკო? sheidzleba dagirek'o?
Appelle-moi.	დამირეკე. damirek'e.
Quel est ton numéro?	რა ნომერი გაქვს? ra nomeri gakvs?
Tu me manques.	მენატრები. menat'rebi.

Vous avez un très beau nom.	თქვენ ძალიან ლამაზი სახელი გაქვთ. tkven dzalian lamazi sakheli gakvt.
Je t'aime.	მე შენ მიყვარხარ. me shen miqvarkhar.
Veux-tu te marier avec moi?	გამომყევი ცოლად. gamomqevi tsolad.
Vous plaisantez!	თქვენ ხუმრობთ! tkven khumrobt!
Je plaisante.	მე უბრალოდ ვხუმრობ. me ubralod vkhumrob.

Êtes-vous sérieux /sérieuse/?	თქვენ სერიოზულად? tkven seriozulad?
Je suis sérieux /sérieuse/	მე სერიოზულად ვამბობ. me seriozulad vambob.
Vraiment?!	მართლა?! martla?!
C'est incroyable!	ეს წარმოუდგენელია! es ts'armoudgenelia!
Je ne vous crois pas.	მე თქვენი არ მჯერა. me tkveni ar mjera.
Je ne peux pas.	მე არ შემიძლია. me ar shemidzlia.
Je ne sais pas.	მე არ ვიცი. me ar vitsi.

Je ne vous comprends pas	მე თქვენი არ მესმის. me tkveni ar mesmis.
Laissez-moi! Allez-vous-en!	წადით, თუ შეიძლება. ts'adit, tu sheidzleba.
Laissez-moi tranquille!	დამანებეთ თავი! damanebet tavi!

Je ne le supporte pas.	მე მას ვერ ვიტან. me mas ver vit'an.
Vous êtes dégoûtant!	თქვენ ამაზრზენი ხართ! tkven amazrzeni khart!
Je vais appeler la police!	მე პოლიციას გამოვიძახებ! me p'olitsias gamovidzakheb!

Partager des impressions. Émotions

J'aime ça.	მე ეს მომწონს. me es momts'ons.
C'est gentil.	ძალიან სასიამოვნოა. dzalian sasiamovnoa.
C'est super!	ეს ძალიან კარგია! es dzalian k'argia!
C'est assez bien.	ეს ცუდი არ არის. es tsudi ar aris.
Je n'aime pas ça.	მე ეს არ მომწონს. me es ar momts'ons.
Ce n'est pas bien.	ეს კარგი არ არის. es k'argi ar aris.
C'est mauvais.	ეს ცუდია. es tsudia.
Ce n'est pas bien du tout.	ეს ძალიან ცუდია. es dzalian tsudia.
C'est dégoûtant.	ეს ამაზრზენია. es amazrzenia.
Je suis content /contente/	მე ბედნიერი ვარ. me bednieri var.
Je suis heureux /heureuse/	მე კმაყოფილი ვარ. me k'maqopili var.
Je suis amoureux /amoureuse/	მე შეყვარებული ვარ. me sheqvarebuli var.
Je suis calme.	მე მშვიდად ვარ. me mshvidad var.
Je m'ennuie.	მე მოწყენილი ვარ. me mots'qenili var.
Je suis fatigué /fatiguée/	მე დავიღალე. me davighale.
Je suis triste.	მე სევდიანი ვარ. me sevdiani var.
J'ai peur.	მე შეშინებული ვარ. me sheshinebuli var.
Je suis fâché /fâchée/	მე ვბრაზობ. me vbrazob.
Je suis inquiet /inquiète/	მე ვღელავ. me vghelav.
Je suis nerveux /nerveuse/	მე ვნერვიულობ. me vnerviulob.

Je suis jaloux /jalouse/	მე მშურს. me mshurs.
Je suis surpris /surprise/	მე გაკვირვებული ვარ. me gak'virvebuli var.
Je suis gêné /gênée/	მე გაოგნებული ვარ. me gaognebuli var.

Problèmes. Accidents

J'ai un problème.	**მე პრობლემა მაქვს.** me p'roblema makvs.
Nous avons un problème.	**ჩვენ პრობლემა გვაქვს.** chven p'roblema gvakvs.
Je suis perdu /perdue/	**მე გზა ამებნა.** me gza amebna.
J'ai manqué le dernier bus (train).	**მე დამაგვიანდა ბოლო ავტობუსზე (მატარებელზე).** me damagvianda bolo avt'obusze (mat'arebelze).
Je n'ai plus d'argent.	**მე სულ აღარ დამრჩა ფული.** me sul aghar damrcha puli.

J'ai perdu mon ...	**მე დავკარგე ...** me davk'arge ...
On m'a volé mon ...	**მე მომპარეს ...** me momp'ares ...

passeport	**პასპორტი** p'asp'ort'i
portefeuille	**საფულე** sapule
papiers	**საბუთები** sabutebi
billet	**ბილეთი** bileti

argent	**ფული** puli
sac à main	**ჩანთა** chanta
appareil photo	**ფოტოაპარატი** pot'oap'arat'i
portable	**ნოუთბუქი** noutbuki
ma tablette	**პლანშეტი** p'lanshet'i
mobile	**ტელეფონი** t'eleponi

Au secours!	**მიშველეთ!** mishvelet!
Qu'est-il arrivé?	**რა მოხდა...?** ra mokhda...?

un incendie	**ხანძარი** khandzari
des coups de feu	**სროლა** srola
un meurtre	**მკვლელობა** mk'vleloba
une explosion	**აფეთქება** apetkeba
une bagarre	**ჩხუბი** chkhubi

Appelez la police!	**გამოიძახეთ პოლიცია!** gamoidzakhet p'olitsia!
Dépêchez-vous, s'il vous plaît!	**თუ შეიძლება, ჩქარა!** tu sheidzleba, chkara!
Je cherche le commissariat de police.	**მე ვეძებ პოლიციის განყოფილებას.** me vedzeb p'olitsiis ganqopilebas.
Il me faut faire un appel.	**მე უნდა დავრეკო.** me unda davrek'o.
Puis-je utiliser votre téléphone?	**შეიძლება დავრეკო?** sheidzleba davrek'o?

J'ai été ...	**მე ...** me ...
agressé /agressée/	**გამძარცვეს** gamdzartsves
volé /volée/	**გამქურდეს** gamkurdes
violée	**გამაუპატიურეს** gamaup'at'iures
attaqué /attaquée/	**მცემეს** mtsemes

Est-ce que ça va?	**თქვენ ყველაფერი რიგზე გაქვთ?** tkven qvelaperi rigze gakvt?
Avez-vous vu qui c'était?	**თქვენ დაინახეთ, ვინ იყო?** tkven dainakhet, vin iqo?
Pourriez-vous reconnaître cette personne?	**თქვენ შეგიძლიათ ის იცნოთ?** tkven shegidzliat is itsnot?
Vous êtes sûr?	**თქვენ დარწმუნებული ხართ?** tkven darts'munebuli khart?

Calmez-vous, s'il vous plaît.	**დაწყნარდით, თუ შეიძლება.** dats'qnardit, tu sheidzleba.
Calmez-vous!	**უფრო წყნარად!** upro ts'qnarad!
Ne vous inquiétez pas.	**ნუ ღელავთ.** nu ghelavt.
Tout ira bien.	**ყველაფერი კარგად იქნება.** qvelaperi k'argad ikneba.
Ça va. Tout va bien.	**ყველაფერი რიგზეა.** qvelaperi rigzea.

Venez ici, s'il vous plaît.	აქ მობრძანდით, თუ შეიძლება.
	ak mobrdzandit, tu sheidzleba.
J'ai des questions à vous poser.	მე რამდენიმე კითხვა მაქვს თქვენთან.
	me ramdenime k'itkhva makvs tkventan.
Attendez un moment, s'il vous plaît.	დაელოდეთ, თუ შეიძლება.
	daelodet, tu sheidzleba.
Avez-vous une carte d'identité?	თქვენ გაქვთ საბუთები?
	tkven gakvt sabutebi?
Merci. Vous pouvez partir maintenant.	გმადლობთ. შეგიძლიათ წაბრძანდეთ.
	gmadlobt. shegidzliat ts'abrdzandet.
Les mains derrière la tête!	ხელები თავს უკან!
	khelebi tavs uk'an!
Vous êtes arrêté!	თქვენ დაპატიმრებული ხართ!
	tkven dap'at'imrebuli khart!

Problèmes de santé

Aidez-moi, s'il vous plaît.	მიშველეთ, თუ შეიძლება. mishvelet, tu sheidzleba.
Je ne me sens pas bien.	მე ცუდად ვარ. me tsudad var.
Mon mari ne se sent pas bien.	ჩემი ქმარი ცუდად არის. chemi kmari tsudad aris.
Mon fils ...	ჩემი ვაჟი ... chemi vazhi ...
Mon père ...	ჩემი მამა ... chemi mama ...
Ma femme ne se sent pas bien.	ჩემი ცოლი ცუდად არის. chemi tsoli tsudad aris.
Ma fille ...	ჩემი ქალიშვილი ... chemi kalishvili ...
Ma mère ...	ჩემი დედა ... chemi deda ...
J'ai mal ...	მე ... მტკივა me ... mt'k'iva
à la tête	თავი tavi
à la gorge	ყელი qeli
à l'estomac	მუცელი mutseli
aux dents	კბილი k'bili
J'ai le vertige.	მე თავბრუ მეხვევა. me tavbru mekhveva.
Il a de la fièvre.	მას სიცხე აქვს. mas sitskhe akvs.
Elle a de la fièvre.	მას სიცხე აქვს. mas sitskhe akvs.
Je ne peux pas respirer.	სუნთქვა არ შემიძლია. suntkva ar shemidzlia.
J'ai du mal à respirer.	სული მეხუთება. suli mekhuteba.
Je suis asthmatique.	მე ასთმა მაქვს. me astma makvs.
Je suis diabétique.	მე დიაბეტი მაქვს. me diabet'i makvs.

Je ne peux pas dormir.	მე უძილობა მჭირს. me udziloba mch'irs.
intoxication alimentaire	კვებითი მოწამვლა მაქვს k'vebiti mots'amvla makvs

Ça fait mal ici.	აი აქ მტკივა. ai ak mt'k'iva.
Aidez-moi!	მიშველეთ! mishvelet!
Je suis ici!	მე აქ ვარ! me ak var!
Nous sommes ici!	ჩვენ აქ ვართ! chven ak vart!
Sortez-moi d'ici!	ამომიყვანეთ აქედან! amomiqvanet akedan!
J'ai besoin d'un docteur.	მე ექიმი მჭირდება. me ekimi mch'irdeba.
Je ne peux pas bouger!	მოძრაობა არ შემიძლია. modzraoba ar shemidzlia.
Je ne peux pas bouger mes jambes.	ფეხებს ვერ ვგრძნობ. pekhebs ver vgrdznob.

Je suis blessé /blessée/	მე დაჭრილი ვარ. me dach'rili var.
Est-ce que c'est sérieux?	ეს სერიოზულია? es seriozulia?
Mes papiers sont dans ma poche.	ჩემი საბუთები ჯიბეშია. chemi sabutebi jibeshia.
Calmez-vous!	დაწყნარდით! dats'qnardit!
Puis-je utiliser votre téléphone?	შეიძლება დავრეკო? sheidzleba davrek'o?

Appelez une ambulance!	გამოიძახეთ სასწრაფო! gamoidzakhet sasts'rapo!
C'est urgent!	ეს სასწრაფოა! es sasts'rapoa!
C'est une urgence!	ეს ძალიან სასწრაფოა! es dzalian sasts'rapoa!
Dépêchez-vous, s'il vous plaît!	თუ შეიძლება, ჩქარა! tu sheidzleba, chkara!
Appelez le docteur, s'il vous plaît.	ექიმი გამოიძახეთ, თუ შეიძლება. ekimi gamoidzakhet, tu sheidzleba.
Où est l'hôpital?	მითხარით, სად არის საავადმყოფო? mitkharit, sad aris saavadmqopo?

Comment vous sentez-vous?	როგორ გრძნობთ თავს? rogor grdznobt tavs?
Est-ce que ça va?	თქვენ ყველაფერი წესრიგში გაქვთ? tkven qvelaperi ts'esrigshi gakvt?
Qu'est-il arrivé?	რა მოხდა? ra mokhda?

Je me sens mieux maintenant.

მე უკვე უკეთ ვარ.
me uk've uk'et var.

Ça va. Tout va bien.

ყველაფერი რიგზეა.
qvelaperi rigzea.

Ça va.

ყველაფერი კარგად არის.
qvelaperi k'argad aris.

À la pharmacie

pharmacie	აფთიაქი aptiaki
pharmacie 24 heures	სადღეღამისო აფთიაქი sadgheghamiso aptiaki
Où se trouve la pharmacie la plus proche?	სად არის უახლოესი აფთიაქი? sad aris uakhloesi aptiaki?

Est-elle ouverte en ce moment?	ის ახლა ღიაა? is akhla ghiaa?
À quelle heure ouvre-t-elle?	რომელ საათზე იხსნება? romel saatze ikhsneba?
à quelle heure ferme-t-elle?	რომელ საათამდე მუშაობს? romel saatamde mushaobs?

C'est loin?	ეს შორს არის? es shors aris?
Est-ce que je peux y aller à pied?	მე მივალ იქამდე ფეხით? me mival ikamde pekhit?
Pouvez-vous me le montrer sur la carte?	მაჩვენეთ რუკაზე, თუ შეიძლება. machvenet ruk'aze, tu sheidzleba.

Pouvez-vous me donner quelque chose contre ...	მომეცით რამე, ...-ის mometsit rame, ...-is
le mal de tête	თავის ტკივილის tavis t'k'ivilis
la toux	ხველების khvelebis
le rhume	გაციების gatsivebis
la grippe	გრიპის grip'is

la fièvre	სიცხის sitskhis
un mal d'estomac	კუჭის ტკივილის k'uch'is t'k'ivilis
la nausée	გულისრევის gulisrevis
la diarrhée	დიარეის diareis
la constipation	კუჭში შეკრულობის k'uch'shi shek'rulobis
un mal de dos	ზურგის ტკივილი zurgis t'k'ivili

les douleurs de poitrine	მკერდის ტკივილი mk'erdis t'k'ivili
les points de côté	ტკივილი გვერდში t'k'ivili gverdshi
les douleurs abdominales	ტკივილი მუცელში t'k'ivili mutselshi

une pilule	ტაბლეტი t'ablet'i
un onguent, une crème	მალამო, კრემი malamo, k'remi
un sirop	სიროფი siropi
un spray	სპრეი sp'rei
les gouttes	წვეთები ts'vetebi

Vous devez allez à l'hôpital.	თქვენ საავადმყოფოში უნდა იყოთ. tkven saavadmqoposhi unda iqot.
assurance maladie	დაზღვევა dazghveva
prescription	რეცეპტი retsep't'i
produit anti-insecte	მწერების საწინააღმდეგო საშუალება mts'erebis sats'inaaghmdego sashualeba
bandages adhésifs	ლეიკოპლასტირი leik'op'last'iri

Les essentiels

Excusez-moi, ...	უკაცრავად, ... uk'atsravad, ...
Bonjour	გამარჯობა. gamarjoba.
Merci	გმადლობთ. gmadlobt.
Au revoir	ნახვამდის. nakhvamdis.
Oui	დიახ. diakh.
Non	არა. ara.
Je ne sais pas.	არ ვიცი. ar vitsi.
Où? | Où? | Quand?	სად?| საით?| როდის? sad?| sait?| rodis?

J'ai besoin de ...	მე მჭირდება... me mch'irdeba...
Je veux ...	მე მინდა ... me minda ...
Avez-vous ... ?	თქვენ გაქვთ ...? tkven gakvt ...?
Est-ce qu'il y a ... ici?	აქ არის ... ? ak aris ... ?
Puis-je ... ?	შემიძლია... ? shemidzlia... ?
s'il vous plaît (pour une demande)	თუ შეიძლება tu sheidzleba

Je cherche ...	მე ვეძებ ... me vedzeb ...
les toilettes	ტუალეტს t'ualet's
un distributeur	ბანკომატს bank'omat's
une pharmacie	აფთიაქს aptiaks
l'hôpital	საავადმყოფოს saavadmqopos
le commissariat de police	პოლიციის განყოფილებას p'olitsiis ganqopilebas
une station de métro	მეტროს met'ros

un taxi	ტაქსს
	t'akss
la gare	რკინიგზის სადგურს
	rk'inigzis sadgurs

Je m'appelle …	მე მქვია …
	me mkvia …
Comment vous appelez-vous?	რა გქვიათ?
	ra gkviat?
Aidez-moi, s'il vous plaît.	დამეხმარეთ, თუ შეიძლება.
	damekhmaret, tu sheidzleba.
J'ai un problème.	პრობლემა მაქვს.
	p'roblema makvs.
Je ne me sens pas bien.	ცუდად ვარ.
	tsudad var.
Appelez une ambulance!	გამოიძახეთ სასწრაფო!
	gamoidzakhet sasts'rapo!
Puis-je faire un appel?	შემიძლია დავრეკო?
	shemidzlia davrek'o?

Excusez-moi.	ბოდიშს გიხდით
	bodishs gikhdit
Je vous en prie.	არაფერს
	arapers

je, moi	მე
	me
tu, toi	შენ
	shen
il	ის
	is
elle	ის
	is
ils	ისინი
	isini
elles	ისინი
	isini
nous	ჩვენ
	chven
vous	თქვენ
	tkven
Vous	თქვენ
	tkven

ENTRÉE	შესასვლელი
	shesasvleli
SORTIE	გასასვლელი
	gasasvleli
HORS SERVICE | EN PANNE	არ მუშაობს
	ar mushaobs
FERMÉ	დაკეტილია
	dak'et'ilia

OUVERT   ღიაა
ghiaa

POUR LES FEMMES   ქალებისთვის
kalebistvis

POUR LES HOMMES   მამაკაცებისთვის
mamak'atsebistvis

VOCABULAIRE
THÉMATIQUE

Cette section contient plus
de 3000 des mots les plus
importants. Le dictionnaire
sera d'une aide indispensable
lors de voyages à l'étranger
puisque les mots individuels
sont souvent assez pour être
compris. Le dictionnaire
comprend une transcription
utile de chaque mot

T&P Books Publishing

CONTENU DU DICTIONNAIRE

T&P Books Publishing

CONCEPTS DE BASE

T&P Books Publishing

1. Les pronoms

je	მე	me
tu	შენ	shen
il, elle, ça	ის	is
nous	ჩვენ	chven
vous	თქვენ	tkven
ils, elles	ისინი	isini

2. Adresser des vœux. Se dire bonjour

Bonjour! (fam.)	გამარჯობა!	gamarjoba!
Bonjour! (form.)	გამარჯობათ!	gamarjobat!
Bonjour! (le matin)	დილა მშვიდობისა!	dila mshvidobisa!
Bonjour! (après-midi)	დღე მშვიდობისა!	dghe mshvidobisa!
Bonsoir!	საღამო მშვიდობისა!	saghamo mshvidobisa!
dire bonjour	მისალმება	misalmeba
Salut!	სალამი!	salami!
salut (m)	სალამი	salami
saluer (vt)	მისალმება	misalmeba
Comment ça va?	როგორ ხარ?	rogor khar?
Quoi de neuf?	რა არის ახალი?	ra aris akhali?
Au revoir!	ნახვამდის!	nakhvamdis!
À bientôt!	მომავალ შეხვედრამდე!	momaval shekhvedramde!
Adieu!	მშვიდობით!	mshvidobit!
dire au revoir	გამომშვიდობება	gamomshvidobeba
Salut! (À bientôt!)	კარგად!	k'argad!
Merci!	გმადლობთ!	gmadlobt!
Merci beaucoup!	დიდი მადლობა!	didi madloba!
Je vous en prie	არაფრის	arapris
Il n'y a pas de quoi	მადლობად არ ღირს	madlobad ar ghirs
Pas de quoi	არაფრის	arapris
Excuse-moi! Excusez-moi!	ბოდიში!	bodishi!
excuser (vt)	პატიება	p'at'ieba
s'excuser (vp)	ბოდიშის მოხდა	bodishis mokhda
Mes excuses	ბოდიში	bodishi
Pardonnez-moi!	მაპატიეთ!	map'at'iet!
pardonner (vt)	პატიება	p'at'ieba

| C'est pas grave | არა უშავს. | ara ushavs. |
| s'il vous plaît | გეთაყვა | getaqva |

N'oubliez pas!	არ დაგავიწყდეთ!	ar dagavits'qdet!
Bien sûr!	რა თქმა უნდა!	ra tkma unda!
Bien sûr que non!	რა თქმა უნდა, არა!	ra tkma unda, ara!
D'accord!	თანახმა ვარ!	tanakhma var!
Ça suffit!	საკმარისია!	sak'marisia!

3. Les questions

Qui?	ვინ?	vin?
Quoi?	რა?	ra?
Où? (~ es-tu?)	სად?	sad?
Où? (~ vas-tu?)	სად?	sad?
D'où?	საიდან?	saidan?
Quand?	როდის?	rodis?
Pourquoi? (~ es-tu venu?)	რისთვის?	ristvis?
Pourquoi? (~ t'es pâle?)	რატომ?	rat'om?

À quoi bon?	რისთვის?	ristvis?
Comment?	როგორ?	rogor?
Quel? (à ~ prix?)	როგორი?	rogori?
Lequel?	რომელი?	romeli?

À qui? (pour qui?)	ვის?	vis?
De qui?	ვიზე?	vize?
De quoi?	რაზე?	raze?
Avec qui?	ვისთან ერთად?	vistan ertad?
Combien?	რამდენი?	ramdeni?
À qui? (~ est ce livre?)	ვისი?	visi?

4. Les prépositions

avec (~ toi)	ერთად	ertad
sans (~ sucre)	გარეშე	gareshe
à (aller ~ ...)	-ში	-shi
de (au sujet de)	შესახებ	shesakheb
avant (~ midi)	წინ	ts'in
devant (~ la maison)	წინ	ts'in

sous (~ la commode)	ქვეშ	kvesh
au-dessus de ...	ზემოთ	zemot
sur (dessus)	-ზე	-ze
de (venir ~ Paris)	-დან	-dan
en (en bois, etc.)	-გან	-gan
dans (~ deux heures)	-ში	-shi
par dessus	-ზე	-ze

5. Les mots-outils. Les adverbes. Partie 1

Où? (~ es-tu?)	სად?	sad?
ici (c'est ~)	აქ	ak
là-bas (c'est ~)	იქ	ik
quelque part (être)	სადღაც	sadghats
nulle part (adv)	არსად	arsad
près de ...	-თან	-tan
près de la fenêtre	ფანჯარასთან	panjarastan
Où? (~ vas-tu?)	სად?	sad?
ici (Venez ~)	აქ	ak
là-bas (j'irai ~)	იქ	ik
d'ici (adv)	აქედან	akedan
de là-bas (adv)	იქიდან	ikidan
près (pas loin)	ახლოს	akhlos
loin (adv)	შორს	shors
près de (~ Paris)	გვერდით	gverdit
tout près (adv)	გვერდით	gverdit
pas loin (adv)	ახლო	akhlo
gauche (adj)	მარცხენა	martskhena
à gauche (être ~)	მარცხნივ	martskhniv
à gauche (tournez ~)	მარცხნივ	martskhniv
droit (adj)	მარჯვენა	marjvena
à droite (être ~)	მარჯვნივ	marjvniv
à droite (tournez ~)	მარჯვნივ	marjvniv
devant (adv)	წინ	ts'in
de devant (adj)	წინა	ts'ina
en avant (adv)	წინ	ts'in
derrière (adv)	უკან	uk'an
par derrière (adv)	უკნიდან	uk'nidan
en arrière (regarder ~)	უკან	uk'an
milieu (m)	შუა	shua
au milieu (adv)	შუაში	shuashi
de côté (vue ~)	გვერდიდან	gverdidan
partout (adv)	ყველგან	qvelgan
autour (adv)	გარშემო	garshemo
de l'intérieur	შიგნიდან	shignidan
quelque part (aller)	სადღაც	sadghats
tout droit (adv)	პირდაპირ	p'irdap'ir

en arrière (revenir ~)	უკან	uk'an
de quelque part (n'import d'où)	საიდანმე	saidanme
de quelque part (on ne sait pas d'où)	საიდანღაც	saidanghats

premièrement (adv)	პირველ რიგში	p'irvel rigshi
deuxièmement (adv)	მეორედ	meored
troisièmement (adv)	მესამედ	mesamed

soudain (adv)	უცებ	utseb
au début (adv)	თავდაპირველად	tavdap'irvelad
pour la première fois	პირველად	p'irvelad
bien avant ...	დიდი ხნით ადრე	didi khnit adre
de nouveau (adv)	ხელახლა	khelakhla
pour toujours (adv)	სამუდამოდ	samudamod

jamais (adv)	არასდროს	arasdros
de nouveau, encore (adv)	ისევ	isev
maintenant (adv)	ახლა	akhla
souvent (adv)	ხშირად	khshirad
alors (adv)	მაშინ	mashin
d'urgence (adv)	სასწრაფოდ	sasts'rapod
d'habitude (adv)	ჩვეულებრივად	chveulebrivad

à propos, ...	სხვათა შორის	skhvata shoris
c'est possible	შესაძლოა	shesadzloa
probablement (adv)	ალბათ	albat
peut-être (adv)	შეიძლება	sheidzleba
en plus, ...	ამას გარდა, ...	amas garda, ...
c'est pourquoi ...	ამიტომ	amit'om
malgré ...	მიუხედავად	miukhedavad
grâce à ...	წყალობით	ts'qalobit

quoi (pron)	რა	ra
que (conj)	რომ	rom
quelque chose (Il m'est arrivé ~)	რაღაც	raghats
quelque chose (peut-on faire ~)	რაიმე	raime
rien (m)	არაფერი	araperi

qui (pron)	ვინ	vin
quelqu'un (on ne sait pas qui)	ვიღაც	vighats
quelqu'un (n'importe qui)	ვინმე	vinme

personne (pron)	არავინ	aravin
nulle part (aller ~)	არსად	arsad
de personne	არავისი	aravisi
de n'importe qui	ვინმესი	vinmesi
comme ça (adv)	ასე	ase

également (adv)	აგრეთვე	agretve
aussi (adv)	-ც	-ts

6. Les mots-outils. Les adverbes. Partie 2

Pourquoi?	რატომ?	rat'om?
pour une certaine raison	რატომღაც	rat'omghats
parce que ...	იმიტომ, რომ ...	imit'om, rom ...
pour une raison quelconque	რატომღაც	rat'omghats
et (conj)	და	da
ou (conj)	ან	an
mais (conj)	მაგრამ	magram
pour ... (prep)	-თვის	-tvis
trop (adv)	მეტისმეტად	met'ismet'ad
seulement (adv)	მხოლოდ	mkholod
précisément (adv)	ზუსტად	zust'ad
près de ... (prep)	თითქმის	titkmis
approximativement	დაახლოებით	daakhloebit
approximatif (adj)	დაახლოებითი	daakhloebiti
presque (adv)	თითქმის	titkmis
reste (m)	დანარჩენი	danarcheni
chaque (adj)	ყოველი	qoveli
n'importe quel (adj)	ნებისმიერი	nebismieri
beaucoup (adv)	ბევრი	bevri
plusieurs (pron)	ბევრნი	bevrni
tous	ყველა	qvela
en échange de ...	ნაცვლად	natsvlad
en échange (adv)	ნაცვლად	natsvlad
à la main (adv)	ხელით	khelit
peu probable (adj)	საეჭვოა	saech'voa
probablement (adv)	ალბათ	albat
exprès (adv)	განზრახ	ganzrakh
par accident (adv)	შემთხვევით	shemtkhvevit
très (adv)	ძალიან	dzalian
par exemple (adv)	მაგალითად	magalitad
entre (prep)	შორის	shoris
parmi (prep)	შორის	shoris
autant (adv)	ამდენი	amdeni
surtout (adv)	განსაკუთრებით	gansak'utrebit

T&P BOOKS

NOMBRES. DIVERS

T&P Books Publishing

7. Les nombres cardinaux. Partie 1

zéro	ნული	nuli
un	ერთი	erti
deux	ორი	ori
trois	სამი	sami
quatre	ოთხი	otkhi
cinq	ხუთი	khuti
six	ექვსი	ekvsi
sept	შვიდი	shvidi
huit	რვა	rva
neuf	ცხრა	tskhra
dix	ათი	ati
onze	თერთმეტი	tertmet'i
douze	თორმეტი	tormet'i
treize	ცამეტი	tsamet'i
quatorze	თოთხმეტი	totkhmet'i
quinze	თხუთმეტი	tkhutmet'i
seize	თექვსმეტი	tekvsmet'i
dix-sept	ჩვიდმეტი	chvidmet'i
dix-huit	თვრამეტი	tvramet'i
dix-neuf	ცხრამეტი	tskhramet'i
vingt	ოცი	otsi
vingt et un	ოცდაერთი	otsdaerti
vingt-deux	ოცდაორი	otsdaori
vingt-trois	ოცდასამი	otsdasami
trente	ოცდაათი	otsdaati
trente et un	ოცდათერთმეტი	otsdatertmet'i
trente-deux	ოცდათორმეტი	otsdatormet'i
trente-trois	ოცდაცამეტი	otsdatsamet'i
quarante	ორმოცი	ormotsi
quarante et un	ორმოცდაერთი	ormotsdaerti
quarante-deux	ორმოცდაორი	ormotsdaori
quarante-trois	ორმოცდასამი	ormotsdasami
cinquante	ორმოცდაათი	ormotsdaati
cinquante et un	ორმოცდათერთმეტი	ormotsdatertmet'i
cinquante-deux	ორმოცდათორმეტი	ormotsdatormet'i
cinquante-trois	ორმოცდაცამეტი	ormotsdatsamet'i
soixante	სამოცი	samotsi

soixante et un	სამოცდაერთი	samotsdaerti
soixante-deux	სამოცდაორი	samotsdaori
soixante-trois	სამოცდასამი	samotsdasami

soixante-dix	სამოცდაათი	samotsdaati
soixante et onze	სამოცდათერთმეტი	samotsdatertmet'i
soixante-douze	სამოცდათორმეტი	samotsdatormet'i
soixante-treize	სამოცდაცამეტი	samotsdatsamet'i

quatre-vingts	ოთხმოცი	otkhmotsi
quatre-vingt et un	ოთხმოცდაერთი	otkhmotsdaerti
quatre-vingt deux	ოთხმოცდაორი	otkhmotsdaori
quatre-vingt trois	ოთხმოცდასამი	otkhmotsdasami

quatre-vingt-dix	ოთხმოცდაათი	otkhmotsdaati
quatre-vingt et onze	ოთხმოცდათერთმეტი	otkhmotsdatertmet'i
quatre-vingt-douze	ოთხმოცდათორმეტი	otkhmotsdatormet'i
quatre-vingt-treize	ოთხმოცდაცამეტი	otkhmotsdatsamet'i

8. Les nombres cardinaux. Partie 2

cent	ასი	asi
deux cents	ორასი	orasi
trois cents	სამასი	samasi
quatre cents	ოთხასი	otkhasi
cinq cents	ხუთასი	khutasi

six cents	ექვსასი	ekvsasi
sept cents	შვიდასი	shvidasi
huit cents	რვაასი	rvaasi
neuf cents	ცხრაასი	tskhraasi

mille	ათასი	atasi
deux mille	ორი ათასი	ori atasi
trois mille	სამი ათასი	sami atasi
dix mille	ათი ათასი	ati atasi
cent mille	ასი ათასი	asi atasi
million (m)	მილიონი	milioni
milliard (m)	მილიარდი	miliardi

9. Les nombres ordinaux

premier (adj)	პირველი	p'irveli
deuxième (adj)	მეორე	meore
troisième (adj)	მესამე	mesame
quatrième (adj)	მეოთხე	meotkhe
cinquième (adj)	მეხუთე	mekhute
sixième (adj)	მეექვსე	meekvse

septième (adj)	მეშვიდე	meshvide
huitième (adj)	მერვე	merve
neuvième (adj)	მეცხრე	metskhre
dixième (adj)	მეათე	meate

T&P BOOKS

LES COULEURS.
LES UNITÉS DE MESURE

T&P Books Publishing

10. Les couleurs

couleur (f)	ფერი	peri
teinte (f)	ელფერი	elperi
ton (m)	ტონი	t'oni
arc-en-ciel (m)	ცისარტყელა	tsisart'qela
blanc (adj)	თეთრი	tetri
noir (adj)	შავი	shavi
gris (adj)	რუხი	rukhi
vert (adj)	მწვანე	mts'vane
jaune (adj)	ყვითელი	qviteli
rouge (adj)	წითელი	ts'iteli
bleu (adj)	ლურჯი	lurji
bleu clair (adj)	ცისფერი	tsisperi
rose (adj)	ვარდისფერი	vardisperi
orange (adj)	ნარინჯისფერი	narinjisperi
violet (adj)	იისფერი	iisperi
brun (adj)	ყავისფერი	qavisperi
d'or (adj)	ოქროსფერი	okrosperi
argenté (adj)	ვერცხლისფერი	vertskhlisperi
beige (adj)	ჩალისფერი	chalisperi
crème (adj)	კრემისფერი	k'remisperi
turquoise (adj)	ფირუზისფერი	piruzisperi
rouge cerise (adj)	ალუბლისფერი	alublisperi
lilas (adj)	ლილისფერი	lilisperi
framboise (adj)	ჟოლოსფერი	zholosperi
clair (adj)	ღია ფერისა	ghia perisa
foncé (adj)	მუქი	muki
vif (adj)	კაშკაშა	k'ashk'asha
de couleur (adj)	ფერადი	peradi
en couleurs (adj)	ფერადი	peradi
noir et blanc (adj)	შავ-თეთრი	shav-tetri
unicolore (adj)	ერთფეროვანი	ertperovani
multicolore (adj)	მრავალფეროვანი	mravalperovani

11. Les unités de mesure

poids (m)	წონა	ts'ona
longueur (f)	სიგრძე	sigrdze

largeur (f)	სიგანე	sigane
hauteur (f)	სიმაღლე	simaghle
profondeur (f)	სიღრმე	sighrme
volume (m)	მოცულობა	motsuloba
aire (f)	ფართობი	partobi
gramme (m)	გრამი	grami
milligramme (m)	მილიგრამი	miligrami
kilogramme (m)	კილოგრამი	k'ilogrami
tonne (f)	ტონა	t'ona
livre (f)	გირვანქა	girvanka
once (f)	უნცია	untsia
mètre (m)	მეტრი	met'ri
millimètre (m)	მილიმეტრი	milimet'ri
centimètre (m)	სანტიმეტრი	sant'imet'ri
kilomètre (m)	კილომეტრი	k'ilomet'ri
mille (m)	მილი	mili
pouce (m)	დუიმი	duimi
pied (m)	ფუტი	put'i
yard (m)	იარდი	iardi
mètre (m) carré	კვადრატული მეტრი	k'vadrat'uli met'ri
hectare (m)	ჰექტარი	hek't'ari
litre (m)	ლიტრი	lit'ri
degré (m)	გრადუსი	gradusi
volt (m)	ვოლტი	volt'i
ampère (m)	ამპერი	amp'eri
cheval-vapeur (m)	ცხენის ძალა	tskhenis dzala
quantité (f)	რაოდენობა	raodenoba
un peu de …	ცოტაოდენი …	tsot'aodeni …
moitié (f)	ნახევარი	nakhevari
douzaine (f)	დუჟინი	duzhini
pièce (f)	ცალი	tsali
dimension (f)	ზომა	zoma
échelle (f) (de la carte)	მასშტაბი	massht'abi
minimal (adj)	მინიმალური	minimaluri
le plus petit (adj)	უმცირესი	umtsiresi
moyen (adj)	საშუალო	sashualo
maximal (adj)	მაქსიმალური	maksimaluri
le plus grand (adj)	უდიდესი	udidesi

12. Les récipients

| bocal (m) en verre | ქილა | kila |
| boîte, canette (f) | ქილა | kila |

| seau (m) | ვედრო | vedro |
| tonneau (m) | კასრი | k'asri |

bassine, cuvette (f)	ტაშტი	t'asht'i
cuve (f)	ბაკი	bak'i
flasque (f)	მათარა	matara
jerrican (m)	კანისტრა	k'anist'ra
citerne (f)	ცისტერნა	tsist'erna

tasse (f), mug (m)	კათხა	k'atkha
tasse (f)	ფინჯანი	pinjani
soucoupe (f)	ლამბაქი	lambaki
verre (m) (~ d'eau)	ჭიქა	ch'ika
verre (m) à vin	ბოკალი	bok'ali
faitout (m)	ქვაბი	kvabi

| bouteille (f) | ბოთლი | botli |
| goulot (m) | ყელი | qeli |

carafe (f)	გრაფინი	grapini
pichet (m)	დოქი	doki
récipient (m)	ჭურჭელი	ch'urch'eli
pot (m)	ქოთანი	kotani
vase (m)	ლარნაკი	larnak'i

flacon (m)	ფლაკონი	plak'oni
fiole (f)	შუშა	shusha
tube (m)	ტუბი	t'ubi

sac (m) (grand ~)	ტომარა	t'omara
sac (m) (~ en plastique)	პაკეტი	p'ak'et'i
paquet (m) (~ de cigarettes)	შეკვრა	shek'vra

boîte (f)	კოლოფი	k'olopi
caisse (f)	ყუთი	quti
panier (m)	კალათი	k'alati

LES VERBES
LES PLUS IMPORTANTS

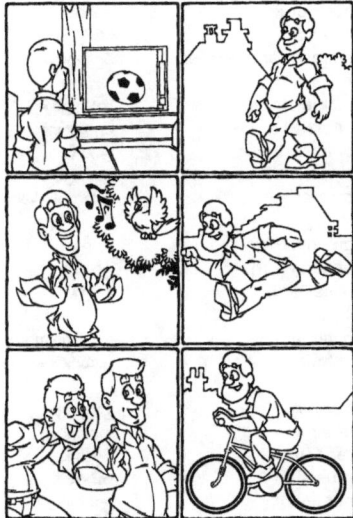

T&P Books Publishing

13. Les verbes les plus importants. Partie 1

aider (vt)	დახმარება	dakhmareba
aimer (qn)	სიყვარული	siqvaruli
aller (à pied)	სვლა	svla
apercevoir (vt)	შენიშვნა	shenishvna
appartenir à ...	კუთვნება	k'utvneba
appeler (au secours)	დაძახება	dadzakheba
attendre (vt)	ლოდინი	lodini
attraper (vt)	ჭერა	ch'era
avertir (vt)	გაფრთხილება	gaprtkhileba
avoir (qch animé)	ყოლა	qola
avoir (qch inanimé)	ქონა	kona
avoir confiance	ნდობა	ndoba
avoir peur	შიში	shishi
cacher (vt)	დამალვა	damalva
casser (briser)	ტეხა	t'ekha
cesser (vt)	შეწყვეტა	shets'qvet'a
changer (vt)	შეცვლა	shetsvla
chasser (animaux)	ნადირობა	nadiroba
chercher (vt)	ძებნა	dzebna
choisir (vt)	არჩევა	archeva
commander (~ le menu)	შეკვეთა	shek'veta
commencer (vt)	დაწყება	dats'qeba
comparer (vt)	შედარება	shedareba
comprendre (vt)	გაგება	gageba
compter (dénombrer)	დათვლა	datvla
compter sur ...	იმედის ქონა	imedis kona
confondre (vt)	არევა	areva
connaître (qn)	ცნობა	tsnoba
conseiller (vt)	რჩევა	rcheva
continuer (vt)	გაგრძელება	gagrdzeleba
contrôler (vt)	კონტროლის გაწევა	k'ont'rolis gats'eva
courir (vi)	გაქცევა	gaktseva
coûter (vt)	ღირება	ghireba
créer (vt)	შექმნა	shekmna
creuser (vt)	თხრა	tkhra
crier (vi)	ყვირილი	qvirili

14. Les verbes les plus importants. Partie 2

décorer (~ la maison)	მორთვა	mortva
défendre (vt)	დაცვა	datsva
déjeuner (vi)	სადილობა	sadiloba
demander (~ l'heure)	კითხვა	k'itkhva
demander (de faire qch)	თხოვნა	tkhovna
descendre (vi)	ჩასვლა	chasvla
deviner (vt)	გამოცნობა	gamotsnoba
dîner (vi)	ვახშმობა	vakhshmoba
dire (vt)	თქმა	tkma
diriger (~ une usine)	ხელმძღვანელობა	khelmdzghvaneloba
discuter (vt)	განხილვა	gankhilva
donner (vt)	მიცემა	mitsema
donner un indice	კარნახი	k'arnakhi
douter (vt)	დაეჭვება	daech'veba
écrire (vt)	წერა	ts'era
entendre (bruit, etc.)	სმენა	smena
entrer (vi)	შემოსვლა	shemosvla
envoyer (vt)	გაგზავნა	gagzavna
espérer (vi)	იმედოვნება	imedovneba
essayer (vt)	ცდა	tsda
être (vi)	ყოფნა	qopna
être d'accord	დათანხმება	datankhmeba
être nécessaire	საჭიროება	sach'iroeba
être pressé	აჩქარება	achkareba
étudier (vt)	შესწავლა	shests'avla
exiger (vt)	მოთხოვნა	motkhovna
exister (vi)	არსებობა	arseboba
expliquer (vt)	ახსნა	akhsna
faire (vt)	კეთება	k'eteba
faire tomber	ხელიდან გავარდნა	khelidan gavardna
finir (vt)	დამთავრება	damtavreba
garder (conserver)	შენახვა	shenakhva
gronder, réprimander (vt)	ლანძღვა	landzghva
informer (vt)	ინფორმირება	inpormireba
insister (vi)	დაჟინება	dazhineba
insulter (vt)	შეურაცხყოფა	sheuratskhqopa
inviter (vt)	მოწვევა	mots'veva
jouer (s'amuser)	თამაში	tamashi

15. Les verbes les plus importants. Partie 3

libérer (ville, etc.)	გათავისუფლება	gatavisupleba
lire (vi, vt)	კითხვა	k'itkhva
louer (prendre en location)	დაქირავება	dakiraveba
manquer (l'école)	გაცდენა	gatsdena
menacer (vt)	დამუქრება	damukreba
mentionner (vt)	ხსენება	khseneba
montrer (vt)	ჩვენება	chveneba
nager (vi)	ცურვა	tsurva
objecter (vt)	წინააღმდეგ ყოფნა	ts'inaaghmdeg qopna
observer (vt)	დაკვირვება	dak'virveba
ordonner (mil.)	ბრძანება	brdzaneba
oublier (vt)	დავიწყება	davits'qeba
ouvrir (vt)	გაღება	gagheba
pardonner (vt)	პატიება	p'at'ieba
parler (vi, vt)	ლაპარაკი	lap'arak'i
participer à ...	მონაწილეობა	monats'ileoba
payer (régler)	გადახდა	gadakhda
penser (vi, vt)	ფიქრი	pikri
permettre (vt)	ნების დართვა	nebis dartva
plaire (être apprécié)	მოწონება	mots'oneba
plaisanter (vi)	ხუმრობა	khumroba
planifier (vt)	დაგეგმვა	dagegmva
pleurer (vi)	ტირილი	t'irili
posséder (vt)	ფლობა	ploba
pouvoir (v aux)	შეძლება	shedzleba
préférer (vt)	მჯობინება	mjobineba
prendre (vt)	აღება	agheba
prendre en note	ჩაწერა	chats'era
prendre le petit déjeuner	საუზმობა	sauzmoba
préparer (le dîner)	მზადება	mzadeba
prévoir (vt)	გათვალისწინება	gatvalists'ineba
prier (~ Dieu)	ლოცვა	lotsva
promettre (vt)	დაპირება	dap'ireba
prononcer (vt)	წარმოთქმა	ts'armotkma
proposer (vt)	შეთავაზება	shetavazeba
punir (vt)	დასჯა	dasja

16. Les verbes les plus importants. Partie 4

recommander (vt)	რეკომენდაციის მიცემა	rek'omendatsiis mitsema
regretter (vt)	სინანული	sinanuli

répéter (dire encore)	გამეორება	gameoreba
répondre (vi, vt)	პასუხის გაცემა	p'asukhis gatsema
réserver (une chambre)	რეზერვირება	rezervireba

rester silencieux	დუმილი	dumili
réunir (regrouper)	გაერთიანება	gaertianeba
rire (vi)	სიცილი	sitsili
s'arrêter (vp)	გაჩერება	gachereba
s'asseoir (vp)	დაჯდომა	dajdoma

sauver (la vie à qn)	გადარჩენა	gadarchena
savoir (qch)	ცოდნა	tsodna
se baigner (vp)	ბანაობა	banaoba
se plaindre (vp)	ჩივილი	chivili
se refuser (vp)	უარის თქმა	uaris tkma

se tromper (vp)	შეცდომა	shetsdoma
se vanter (vp)	ტრაბახი	t'rabakhi
s'étonner (vp)	გაკვირვება	gak'virveba
s'excuser (vp)	ბოდიშის მოხდა	bodishis mokhda
signer (vt)	ხელის მოწერა	khelis mots'era

signifier (vt)	აღნიშვნა	aghnishvna
s'intéresser (vp)	დაინტერესება	daint'ereseba
sortir (aller dehors)	გამოსვლა	gamosvla
sourire (vi)	გაღიმება	gaghimeba
sous-estimer (vt)	არშეფასება	arshepaseba

suivre ... (suivez-moi)	მიდევნა	midevna
tirer (vi)	სროლა	srola
tomber (vi)	ვარდნა	vardna
toucher (avec les mains)	ხელის ხლება	khelis khleba
tourner (~ à gauche)	მობრუნება	mobruneba

traduire (vt)	თარგმნა	targmna
travailler (vi)	მუშაობა	mushaoba
tromper (vt)	მოტყუება	mot'queba
trouver (vt)	პოვნა	p'ovna
tuer (vt)	მოკვლა	mok'vla
vendre (vt)	გაყიდვა	gaqidva

venir (vi)	ჩამოსვლა	chamosvla
voir (vt)	ხედვა	khedva
voler (avion, oiseau)	ფრენა	prena
voler (qch à qn)	პარვა	p'arva
vouloir (vt)	ნდომა	ndoma

T&P BOOKS

LA NOTION DE TEMPS. LE CALENDRIER

T&P Books Publishing

17. Les jours de la semaine

lundi (m)	ორშაბათი	orshabati
mardi (m)	სამშაბათი	samshabati
mercredi (m)	ოთხშაბათი	otkhshabati
jeudi (m)	ხუთშაბათი	khutshabati
vendredi (m)	პარასკევი	p'arask'evi
samedi (m)	შაბათი	shabati
dimanche (m)	კვირა	k'vira

aujourd'hui (adv)	დღეს	dghes
demain (adv)	ხვალ	khval
après-demain (adv)	ზეგ	zeg
hier (adv)	გუშინ	gushin
avant-hier (adv)	გუშინწინ	gushints'in

jour (m)	დღე	dghe
jour (m) ouvrable	სამუშაო დღე	samushao dghe
jour (m) férié	სადღესასწაულო დღე	sadghesasts'aulo dghe
jour (m) de repos	დასვენების დღე	dasvenebis dghe
week-end (m)	დასვენების დღეები	dasvenebis dgheebi

toute la journée	მთელი დღე	mteli dghe
le lendemain	მომდევნო დღეს	momdevno dghes
il y a 2 jours	ორი დღის წინ	ori dghis ts'in
la veille	წინადღეს	ts'inadghes
quotidien (adj)	ყოველდღიური	qoveldghiuri
tous les jours	ყოველდღიურად	qoveldghiurad

semaine (f)	კვირა	k'vira
la semaine dernière	გასულ კვირას	gasul k'viras
la semaine prochaine	მომდევნო კვირას	momdevno k'viras
hebdomadaire (adj)	ყოველკვირეული	qovelk'vireuli
chaque semaine	ყოველკვირეულად	qovelk'vireulad
2 fois par semaine	კვირაში ორჯერ	k'virashi orjer
tous les mardis	ყოველ სამშაბათს	qovel samshabats

18. Les heures. Le jour et la nuit

matin (m)	დილა	dila
le matin	დილით	dilit
midi (m)	შუადღე	shuadghe
dans l'après-midi	სადილის შემდეგ	sadilis shemdeg
soir (m)	საღამო	saghamo

le soir	საღამოს	saghamos
nuit (f)	ღამე	ghame
la nuit	ღამით	ghamit
minuit (f)	შუაღამე	shuaghame

seconde (f)	წამი	ts'ami
minute (f)	წუთი	ts'uti
heure (f)	საათი	saati
demi-heure (f)	ნახევარი საათი	nakhevari saati
un quart d'heure	თხუთმეტი წუთი	tkhutmet'i ts'uti
quinze minutes	თხუთმეტი წუთი	tkhutmet'i ts'uti
vingt-quatre heures	დღე-ღამე	dghe-ghame

lever (m) du soleil	მზის ამოსვლა	mzis amosvla
aube (f)	განთიადი	gantiadi
point (m) du jour	ადრიანი დილა	adriani dila
coucher (m) du soleil	მზის ჩასვლა	mzis chasvla

tôt le matin	დილით ადრე	dilit adre
ce matin	დღეს დილით	dghes dilit
demain matin	ხვალ დილით	khval dilit

cet après-midi	დღეს	dghes
dans l'après-midi	სადილის შემდეგ	sadilis shemdeg
demain après-midi	ხვალ სადილის შემდეგ	khval sadilis shemdeg

| ce soir | დღეს საღამოს | dghes saghamos |
| demain soir | ხვალ საღამოს | khval saghamos |

à 3 heures précises	ზუსტად სამ საათზე	zust'ad sam saatze
autour de 4 heures	დაახლოებით ოთხი საათი	daakhloebit otkhi saati
vers midi	თორმეტი საათისთვის	tormet'i saatistvis

dans 20 minutes	ოც წუთში	ots ts'utshi
dans une heure	ერთ საათში	ert saatshi
à temps	დროულად	droulad

… moins le quart	თხუთმეტი წუთი აკლია	tkhutmet'i ts'uti ak'lia
en une heure	საათის განმავლობაში	saatis ganmavlobashi
tous les quarts d'heure	ყოველ თხუთმეტ წუთში	qovel tkhutmet' ts'utshi
24 heures sur 24	დღე-ღამის განმავლობაში	dghe-ghamis ganmavlobashi

19. Les mois. Les saisons

janvier (m)	იანვარი	ianvari
février (m)	თებერვალი	tebervali
mars (m)	მარტი	mart'i
avril (m)	აპრილი	ap'rili

| mai (m) | მაისი | maisi |
| juin (m) | ივნისი | ivnisi |

juillet (m)	ივლისი	ivlisi
août (m)	აგვისტო	agvist'o
septembre (m)	სექტემბერი	sekt'emberi
octobre (m)	ოქტომბერი	okt'omberi
novembre (m)	ნოემბერი	noemberi
décembre (m)	დეკემბერი	dek'emberi

printemps (m)	გაზაფხული	gazapkhuli
au printemps	გაზაფხულზე	gazapkhulze
de printemps (adj)	გაზაფხულისა	gazapkhulisa

été (m)	ზაფხული	zapkhuli
en été	ზაფხულში	zapkhulshi
d'été (adj)	ზაფხულისა	zapkhulisa

automne (m)	შემოდგომა	shemodgoma
en automne	შემოდგომაზე	shemodgomaze
d'automne (adj)	შემოდგომისა	shemodgomisa

hiver (m)	ზამთარი	zamtari
en hiver	ზამთარში	zamtarshi
d'hiver (adj)	ზამთრის	zamtris

mois (m)	თვე	tve
ce mois	ამ თვეში	am tveshi
le mois prochain	მომდევნო თვეს	momdevno tves
le mois dernier	გასულ თვეს	gasul tves

il y a un mois	ერთი თვის წინ	erti tvis ts'in
dans un mois	ერთი თვის შემდეგ	erti tvis shemdeg
dans 2 mois	ორი თვის შემდეგ	ori tvis shemdeg
tout le mois	მთელი თვე	mteli tve
tout un mois	მთელი თვე	mteli tve

mensuel (adj)	ყოველთვიური	qoveltviuri
mensuellement	ყოველთვიურად	qoveltviurad
chaque mois	ყოველ თვე	qovel tve
2 fois par mois	თვეში ორჯერ	tveshi orjer

année (f)	წელი	ts'eli
cette année	წელს	ts'els
l'année prochaine	მომავალ წელს	momaval ts'els
l'année dernière	შარშან	sharshan

il y a un an	ერთი წლის წინ	erti ts'lis ts'in
dans un an	ერთი წლის შემდეგ	erti ts'lis shemdeg
dans 2 ans	ორი წლის შემდეგ	ori ts'lis shemdeg
toute l'année	მთელი წელი	mteli ts'eli
toute une année	მთელი წელი	mteli ts'eli

chaque année	ყოველ წელს	qovel ts'els
annuel (adj)	ყოველწლიური	qovelts'liuri
annuellement	ყოველწლიურად	qovelts'liurad
4 fois par an	წელიწადში ოთხჯერ	ts'elits'adshi otkhjer
date (f) (jour du mois)	რიცხვი	ritskhvi
date (f) (~ mémorable)	თარიღი	tarighi
calendrier (m)	კალენდარი	k'alendari
six mois	ნახევარი წელი	nakhevari ts'eli
semestre (m)	ნახევარწელი	nakhevarts'eli
saison (f)	სეზონი	sezoni
siècle (m)	საუკუნე	sauk'une

T&P BOOKS

LES VOYAGES. L'HÔTEL

T&P Books Publishing

20. Les voyages. Les excursions

tourisme (m)	ტურიზმი	t'urizmi
touriste (m)	ტურისტი	t'urist'i
voyage (m) (à l'étranger)	მოგზაურობა	mogzauroba
aventure (f)	თავგადასავალი	tavgadasavali
voyage (m)	ხანმოკლე მოგზაურობა	khanmok'le mogzauroba
vacances (f pl)	შვებულება	shvebuleba
être en vacances	შვებულებაში ყოფნა	shvebulebashi qopna
repos (m) (jours de ~)	დასვენება	dasveneba
train (m)	მატარებელი	mat'arebeli
en train	მატარებლით	mat'areblit
avion (m)	თვითმფრინავი	tvitmprinavi
en avion	თვითმფრინავით	tvitmprinavit
en voiture	ავტომობილით	avt'omobilit
en bateau	გემით	gemit
bagage (m)	ბარგი	bargi
malle (f)	ჩემოდანი	chemodani
chariot (m)	ურიკა	urik'a
passeport (m)	პასპორტი	p'asp'ort'i
visa (m)	ვიზა	viza
ticket (m)	ბილეთი	bileti
billet (m) d'avion	ავიაბილეთი	aviabileti
guide (m) (livre)	მეგზური	megzuri
carte (f)	რუკა	ruk'a
région (f) (~ rurale)	ადგილი	adgili
endroit (m)	ადგილი	adgili
exotisme (m)	ეგზოტიკა	egzot'ik'a
exotique (adj)	ეგზოტიკური	egzot'ik'uri
étonnant (adj)	საოცარი	saotsari
groupe (m)	ჯგუფი	jgupi
excursion (f)	ექსკურსია	eksk'ursia
guide (m) (personne)	ექსკურსიის მძღოლი	eksk'ursiis mdzgholi

21. L'hôtel

hôtel (m)	სასტუმრო	sast'umro
motel (m)	მოტელი	mot'eli

3 étoiles	სამი ვარსკვლავი	sami varsk'vlavi
5 étoiles	ხუთი ვარსკვლავი	khuti varsk'vlavi
descendre (à l'hôtel)	გაჩერება	gachereba
chambre (f)	ნომერი	nomeri
chambre (f) simple	ერთადგილიანი ნომერი	ertadgiliani nomeri
chambre (f) double	ორადგილიანი ნომერი	oradgiliani nomeri
réserver une chambre	ნომერის დაჯავშნა	nomeris dajavshna
demi-pension (f)	ნახევარპანსიონი	nakhevarp'ansioni
pension (f) complète	სრული პანსიონი	sruli p'ansioni
avec une salle de bain	საბაზანოთი	saabazanoti
avec une douche	შხაპით	shkhap'it
télévision (f) par satellite	თანამგზავრული ტელევიზია	tanamgzavruli t'elevizia
climatiseur (m)	კონდიციონერი	k'onditsioneri
serviette (f)	პირსახოცი	p'irsakhotsi
clé (f)	გასაღები	gasaghebi
administrateur (m)	ადმინისტრატორი	administ'rat'ori
femme (f) de chambre	მოახლე	moakhle
porteur (m)	მებარგული	mebarguli
portier (m)	პორტიე	p'ort'ie
restaurant (m)	რესტორანი	rest'orani
bar (m)	ბარი	bari
petit déjeuner (m)	საუზმე	sauzme
dîner (m)	ვახშამი	vakhshami
buffet (m)	შვედური მაგიდა	shveduri magida
hall (m)	ვესტიბიული	vest'ibiuli
ascenseur (m)	ლიფტი	lipt'i
PRIÈRE DE NE PAS DÉRANGER	ნუ შემაწუხებთ	nu shemats'ukhebt
DÉFENSE DE FUMER	ნუ მოსწევთ!	nu mosts'evt!

22. Le tourisme

monument (m)	ძეგლი	dzegli
forteresse (f)	ციხე-სიმაგრე	tsikhe-simagre
palais (m)	სასახლე	sasakhle
château (m)	ციხე-დარბაზი	tsikhe-darbazi
tour (f)	კოშკი	k'oshk'i
mausolée (m)	მავზოლეუმი	mavzoleumi
architecture (f)	არქიტექტურა	arkit'ekt'ura
médiéval (adj)	შუა საუკუნეებისა	shua sauk'uneebisa
ancien (adj)	ძველებური	dzveleburi

national (adj)	ეროვნული	erovnuli
connu (adj)	ცნობილი	tsnobili
touriste (m)	ტურისტი	t'urist'i
guide (m) (personne)	გიდი	gidi
excursion (f)	ექსკურსია	eksk'ursia
montrer (vt)	ჩვენება	chveneba
raconter (une histoire)	მოთხრობა	motkhroba
trouver (vt)	პოვნა	p'ovna
se perdre (vp)	დაკარგვა	dak'argva
plan (m) (du metro, etc.)	სქემა	skema
carte (f) (de la ville, etc.)	გეგმა	gegma
souvenir (m)	სუვენირი	suveniri
boutique (f) de souvenirs	სუვენირების მაღაზია	suvenirebis maghazia
prendre en photo	სურათის გადაღება	suratis gadagheba
se faire prendre en photo	სურათის გადაღება	suratis gadagheba

T&P BOOKS

LES TRANSPORTS

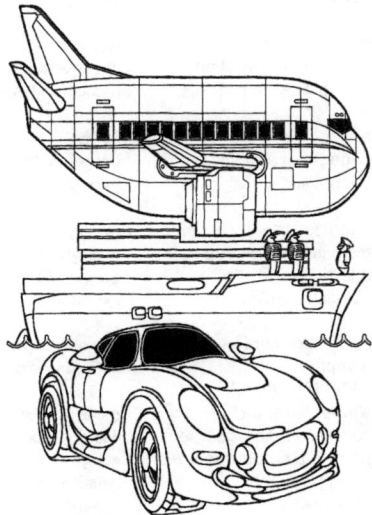

T&P Books Publishing

23. L'aéroport

aéroport (m)	აეროპორტი	aerop'ort'i
avion (m)	თვითმფრინავი	tvitmprinavi
compagnie (f) aérienne	ავიაკომპანია	aviak'omp'ania
contrôleur (m) aérien	დისპეჩერი	disp'echeri
départ (m)	გაფრენა	gaprena
arrivée (f)	მოფრენა	moprena
arriver (par avion)	მოფრენა	moprena
temps (m) de départ	გაფრენის დრო	gaprenis dro
temps (m) d'arrivée	მოფრენის დრო	moprenis dro
être retardé	დაგვიანება	dagvianeba
retard (m) de l'avion	გაფრენის დაგვიანება	gaprenis dagvianeba
tableau (m) d'informations	საინფორმაციო ტაბლო	sainpormatsio t'ablo
information (f)	ინფორმაცია	inpormatsia
annoncer (vt)	გამოცხადება	gamotskhadeba
vol (m)	რეისი	reisi
douane (f)	საბაჟო	sabazho
douanier (m)	მებაჟე	mebazhe
déclaration (f) de douane	დეკლარაცია	dek'laratsia
remplir la déclaration	დეკლარაციის შევსება	dek'laratsiis shevseba
contrôle (m) de passeport	საპასპორტო კონტროლი	sap'asp'ort'o k'ont'roli
bagage (m)	ბარგი	bargi
bagage (m) à main	ხელის ბარგი	khelis bargi
chariot (m)	ურიკა	urik'a
atterrissage (m)	დაჯდომა	dajdoma
piste (f) d'atterrissage	დასაფრენი ზოლი	dasapreni zoli
atterrir (vi)	დაჯდომა	dajdoma
escalier (m) d'avion	ტრაპი	t'rap'i
enregistrement (m)	რეგისტრაცია	regist'ratsia
comptoir (m) d'enregistrement	სარეგისტრაციო დგარი	saregist'ratsio dgari
s'enregistrer (vp)	დარეგისტრირება	daregist'rireba
carte (f) d'embarquement	ჩასაჯდომი ტალონი	chasajdomi t'aloni
porte (f) d'embarquement	გასვლა	gasvla
transit (m)	ტრანზიტი	t'ranzit'i
attendre (vt)	ლოდინი	lodini

salle (f) d'attente	მოსაცდელი დარბაზი	mosatsdeli darbazi
raccompagner (à l'aéroport, etc.)	გაცილება	gatsileba
dire au revoir	გამომშვიდობება	gamomshvidobeba

24. L'avion

avion (m)	თვითმფრინავი	tvitmprinavi
billet (m) d'avion	ავიაბილეთი	aviabileti
compagnie (f) aérienne	ავიაკომპანია	aviak'omp'ania
aéroport (m)	აეროპორტი	aerop'ort'i
supersonique (adj)	ზებგერითი	zebgeriti

commandant (m) de bord	ხომალდის მეთაური	khomaldis metauri
équipage (m)	ეკიპაჟი	ek'ip'azhi
pilote (m)	პილოტი	p'ilot'i
hôtesse (f) de l'air	სტიუარდესა	st'iuardesa
navigateur (m)	შტურმანი	sht'urmani

ailes (f pl)	ფრთები	prtebi
queue (f)	კუდი	k'udi
cabine (f)	კაბინა	k'abina
moteur (m)	ძრავი	dzravi
train (m) d'atterrissage	შასი	shasi
turbine (f)	ტურბინა	t'urbina

hélice (f)	პროპელერი	p'rop'eleri
boîte (f) noire	შავი ყუთი	shavi quti
gouvernail (m)	საჭევრი	sach'evri
carburant (m)	საწვავი	sats'vavi
consigne (f) de sécurité	ინსტრუქცია	inst'ruktsia
masque (m) à oxygène	ჟანგბადის ნიღაბი	zhangbadis nighabi
uniforme (m)	უნიფორმა	uniporma
gilet (m) de sauvetage	სამაშველო ჟილეტი	samashvelo zhilet'i
parachute (m)	პარაშუტი	p'arashut'i

décollage (m)	აფრენა	aprena
décoller (vi)	აფრენა	aprena
piste (f) de décollage	ასაფრენი ზოლი	asapreni zoli

visibilité (f)	ხილვადობა	khilvadoba
vol (m) (~ d'oiseau)	ფრენა	prena
altitude (f)	სიმაღლე	simaghle
trou (m) d'air	ჰაერის ორმო	haeris ormo

place (f)	ადგილი	adgili
écouteurs (m pl)	საყურისი	saqurisi
tablette (f)	გადასაწევი მაგიდა	gadasats'evi magida
hublot (m)	ილუმინატორი	iluminat'ori
couloir (m)	გასასვლელი	gasasvleli

25. Le train

train (m)	მატარებელი	mat'arebeli
train (m) de banlieue	ელექტრომატარებელი	elekt'romat'arebeli
TGV (m)	ჩქაროსნული მატარებელი	chkarosnuli mat'arebeli
locomotive (f) diesel	თბომავალი	tbomavali
locomotive (f) à vapeur	ორთქლმავალი	ortklmavali
wagon (m)	ვაგონი	vagoni
wagon-restaurant (m)	ვაგონი-რესტორანი	vagoni-rest'orani
rails (m pl)	რელსი	relsi
chemin (m) de fer	რკინიგზა	rk'inigza
traverse (f)	შპალი	shp'ali
quai (m)	პლატფორმა	p'latporma
voie (f)	ლიანდაგი	liandagi
sémaphore (m)	სემაფორი	semapori
station (f)	სადგური	sadguri
conducteur (m) de train	მემანქანე	memankane
porteur (m)	მებარგული	mebarguli
steward (m)	გამყოლი	gamqoli
passager (m)	მგზავრი	mgzavri
contrôleur (m) de billets	კონტროლიორი	k'ont'roliori
couloir (m)	დერეფანი	derepani
frein (m) d'urgence	სტოპ-კრანი	st'op'-k'rani
compartiment (m)	კუპე	k'up'e
couchette (f)	თარო	taro
couchette (f) d'en haut	ზედა თარო	zeda taro
couchette (f) d'en bas	ქვედა თარო	kveda taro
linge (m) de lit	თეთრეული	tetreuli
ticket (m)	ბილეთი	bileti
horaire (m)	განრიგი	ganrigi
tableau (m) d'informations	ტაბლო	t'ablo
partir (vi)	გასვლა	gasvla
départ (m) (du train)	გამგზავრება	gamgzavreba
arriver (le train)	ჩამოსვლა	chamosvla
arrivée (f)	ჩამოსვლა	chamosvla
arriver en train	მატარებლით მოსვლა	mat'areblit mosvla
prendre le train	მატარებელში ჩაჯდომა	mat'arebelshi chajdoma
descendre du train	მატარებლიდან ჩამოსვლა	mat'areblidan chamosvla
accident (m) ferroviaire	მარცხი	martskhi
dérailler (vi)	რელსებიდან გადასვლა	relsebidan gadasvla

locomotive (f) à vapeur	ორთქლმავალი	ortklmavali
chauffeur (m)	ცეცხლფარეში	tsetskhlpareshi
chauffe (f)	საცეცხლე	satsetskhle
charbon (m)	ნახშირი	nakhshiri

26. Le bateau

| bateau (m) | გემი | gemi |
| navire (m) | ხომალდი | khomaldi |

bateau (m) à vapeur	ორთქლმავალი	ortklmavali
paquebot (m)	თბომავალი	tbomavali
bateau (m) de croisière	ლაინერი	laineri
croiseur (m)	კრეისერი	k'reiseri

yacht (m)	იახტა	iakht'a
remorqueur (m)	ბუქსირი	buksiri
péniche (f)	ბარჟა	barzha
ferry (m)	ბორანი	borani

| voilier (m) | იალქნიანი გემი | ialkniani gemi |
| brigantin (m) | ბრიგანტინა | brigant'ina |

| brise-glace (m) | ყინულმჭრელი | qinulmch'reli |
| sous-marin (m) | წყალქვეშა ნავი | ts'qalkvesha navi |

canot (m) à rames	ნავი	navi
dinghy (m)	კანჯო	k'anjo
canot (m) de sauvetage	მაშველი კანჯო	mashveli k'anjo
canot (m) à moteur	კატარღა	k'at'argha

capitaine (m)	კაპიტანი	k'ap'it'ani
matelot (m)	მატროსი	mat'rosi
marin (m)	მეზღვაური	mezghvauri
équipage (m)	ეკიპაჟი	ek'ip'azhi

maître (m) d'équipage	ბოცმანი	botsmani
mousse (m)	იუნგა	iunga
cuisinier (m) du bord	კოკი	k'ok'i
médecin (m) de bord	გემის ექიმი	gemis ekimi

pont (m)	გემბანი	gembani
mât (m)	ანძა	andza
voile (f)	იალქანი	ialkani

cale (f)	ტრიუმი	t'riumi
proue (f)	ცხვირი	tskhviri
poupe (f)	კიჩო	k'icho
rame (f)	ნიჩაბი	nichabi
hélice (f)	ხრახნი	khrakhni

cabine (f)	კაიუტა	k'aiut'a
carré (m) des officiers	კაიუტკომპანია	k'aiut'k'omp'ania
salle (f) des machines	სამანქანო განყოფილება	samankano ganqopileba
passerelle (f)	კაპიტნის ხიდურა	k'ap'it'nis khidura
cabine (f) de T.S.F.	რადიოჯიხური	radiojikhuri
onde (f)	ტალღა	t'algha
journal (m) de bord	გემის ჟურნალი	gemis zhurnali
longue-vue (f)	ჭოგრი	ch'ogri
cloche (f)	ზარი	zari
pavillon (m)	დროშა	drosha
grosse corde (f) tressée	ბაგირი	bagiri
nœud (m) marin	კვანძი	k'vandzi
rampe (f)	სახელური	sakheluri
passerelle (f)	ტრაპი	t'rap'i
ancre (f)	ღუზა	ghuza
lever l'ancre	ღუზის ამოწევა	ghuzis amots'eva
jeter l'ancre	ღუზის ჩაშვება	ghuzis chashveba
chaîne (f) d'ancrage	ღუზის ჯაჭვი	ghuzis jach'vi
port (m)	ნავსადგური	navsadguri
embarcadère (m)	მისადგომი	misadgomi
accoster (vi)	მიდგომა	midgoma
larguer les amarres	ნაპირს მოცილება	nap'irs motsileba
voyage (m) (à l'étranger)	მოგზაურობა	mogzauroba
croisière (f)	კრუიზი	k'ruizi
cap (m) (suivre un ~)	კურსი	k'ursi
itinéraire (m)	მარშრუტი	marshrut'i
chenal (m)	ფარვატერი	parvat'eri
bas-fond (m)	თავთხელი	tavtkheli
échouer sur un bas-fond	თავთხელზე დაჯდომა	tavtkhelze dajdoma
tempête (f)	ქარიშხალი	karishkhali
signal (m)	სიგნალი	signali
sombrer (vi)	ჩაძირვა	chadzirva
Un homme à la mer!	ადამიანი ბორტს იქით!	adamiani bort's ikit!
SOS (m)	სოს	sos
bouée (f) de sauvetage	საშველი რგოლი	sashveli rgoli

T&P BOOKS

LA VILLE

T&P Books Publishing

27. Les transports en commun

autobus (m)	ავტობუსი	avt'obusi
tramway (m)	ტრამვაი	t'ramvai
trolleybus (m)	ტროლეიბუსი	t'roleibusi
itinéraire (m)	მარშრუტი	marshrut'i
numéro (m)	ნომერი	nomeri
prendre …	მგზავრობა	mgzavroba
monter (dans l'autobus)	ჩაჯდომა	chajdoma
descendre de …	ჩამოსვლა	chamosvla
arrêt (m)	გაჩერება	gachereba
arrêt (m) prochain	შემდეგი გაჩერება	shemdegi gachereba
terminus (m)	ბოლო გაჩერება	bolo gachereba
horaire (m)	განრიგი	ganrigi
attendre (vt)	ლოდინი	lodini
ticket (m)	ბილეთი	bileti
prix (m) du ticket	ბილეთის ღირებულება	biletis ghirebuleba
caissier (m)	მოლარე	molare
contrôle (m) des tickets	კონტროლი	k'ont'roli
contrôleur (m)	კონტროლიორი	k'ont'roliori
être en retard	დაგვიანება	dagvianeba
rater (~ le train)	დაგვიანება	dagvianeba
se dépêcher	აჩქარება	achkareba
taxi (m)	ტაქსი	t'aksi
chauffeur (m) de taxi	ტაქსისტი	t'aksist'i
en taxi	ტაქსით	t'aksit
arrêt (m) de taxi	ტაქსის სადგომი	t'aksis sadgomi
appeler un taxi	ტაქსის გამოძახება	t'aksis gamodzakheba
prendre un taxi	ტაქსის აყვანა	t'aksis aqvana
trafic (m)	ქუჩაში მოძრაობა	kuchashi modzraoba
embouteillage (m)	საცობი	satsobi
heures (f pl) de pointe	პიკის საათები	p'ik'is saatebi
se garer (vp)	პარკირება	p'ark'ireba
garer (vt)	პარკირება	p'ark'ireba
parking (m)	სადგომი	sadgomi
métro (m)	მეტრო	met'ro
station (f)	სადგური	sadguri
prendre le métro	მეტროთი მგზავრობა	met'roti mgzavroba

| train (m) | მატარებელი | mat'arebeli |
| gare (f) | ვაგზალი | vagzali |

28. La ville. La vie urbaine

ville (f)	ქალაქი	kalaki
capitale (f)	დედაქალაქი	dedakalaki
village (m)	სოფელი	sopeli

plan (m) de la ville	ქალაქის გეგმა	kalakis gegma
centre-ville (m)	ქალაქის ცენტრი	kalakis tsent'ri
banlieue (f)	გარეუბანი	gareubani
de banlieue (adj)	გარეუბნისა	gareubnisa

périphérie (f)	გარეუბანი	gareubani
alentours (m pl)	მიდამოები	midamoebi
quartier (m)	კვარტალი	k'vart'ali
quartier (m) résidentiel	საცხოვრებელი კვარტალი	satskhovrebeli k'vart'ali

trafic (m)	ქუჩაში მოძრაობა	kuchashi modzraoba
feux (m pl) de circulation	შუქნიშანი	shuknishani
transport (m) urbain	ქალაქის ტრანსპორტი	kalakis t'ransp'ort'i
carrefour (m)	გზაჯვარედინი	gzajvaredini

passage (m) piéton	საქვეითო გადასასვლელი	sakveito gadasasvleli
passage (m) souterrain	მიწისქვეშა გადასასვლელი	mits'iskvesha gadasasvleli
traverser (vt)	გადასვლა	gadasvla
piéton (m)	ფეხით მოსიარულე	pekhit mosiarule
trottoir (m)	ტროტუარი	t'rot'uari

| pont (m) | ხიდი | khidi |
| quai (m) | სანაპირო | sanap'iro |

allée (f)	ხეივანი	kheivani
parc (m)	პარკი	p'ark'i
boulevard (m)	ბულვარი	bulvari
place (f)	მოედანი	moedani
avenue (f)	გამზირი	gamziri
rue (f)	ქუჩა	kucha
ruelle (f)	შესახვევი	shesakhvevi
impasse (f)	ჩიხი	chikhi

maison (f)	სახლი	sakhli
édifice (m)	შენობა	shenoba
gratte-ciel (m)	ცათამბჯენი	tsatambjeni

façade (f)	ფასადი	pasadi
toit (m)	სახურავი	sakhuravi
fenêtre (f)	ფანჯარა	panjara

arc (m)	თაღი	taghi
colonne (f)	სვეტი	svet'i
coin (m)	კუთხე	k'utkhe

vitrine (f)	ვიტრინა	vit'rina
enseigne (f)	აბრა	abra
affiche (f)	აფიშა	apisha
affiche (f) publicitaire	სარეკლამო პლაკატი	sarek'lamo p'lak'at'i
panneau-réclame (m)	სარეკლამო ფარი	sarek'lamo pari

ordures (f pl)	ნაგავი	nagavi
poubelle (f)	ურნა	urna
jeter à terre	მონაგვიანება	monagvianeba
décharge (f)	ნაგავსაყრელი	nagavsaqreli

cabine (f) téléphonique	სატელეფონო ჯიხური	sat'elepono jikhuri
réverbère (m)	ფარნის ბოძი	parnis bodzi
banc (m)	სკამი	sk'ami

policier (m)	პოლიციელი	p'olitsieli
police (f)	პოლიცია	p'olitsia
clochard (m)	მათხოვარი	matkhovari
sans-abri (m)	უსახლკარო	usakhlk'aro

29. Les institutions urbaines

magasin (m)	მაღაზია	maghazia
pharmacie (f)	აფთიაქი	aptiaki
opticien (m)	ოპტიკა	op't'ik'a
centre (m) commercial	სავაჭრო ცენტრი	savach'ro tsent'ri
supermarché (m)	სუპერმარკეტი	sup'ermark'et'i

boulangerie (f)	საფუნთუშე	sapuntushe
boulanger (m)	მცხობელი	mtskhobeli
pâtisserie (f)	საკონდიტრო	sak'ondit'ro
épicerie (f)	საბაყლო	sabaqlo
boucherie (f)	საყასბე	saqasbe

| magasin (m) de légumes | ბოსტნეულის დუქანი | bost'neulis dukani |
| marché (m) | ბაზარი | bazari |

salon (m) de café	ყავახანა	qavakhana
restaurant (m)	რესტორანი	rest'orani
brasserie (f)	ლუდხანა	ludkhana
pizzeria (f)	პიცერია	p'itseria

salon (m) de coiffure	საპარიკმახერო	sap'arik'makhero
poste (f)	ფოსტა	post'a
pressing (m)	ქიმწმენდა	kimts'menda
atelier (m) de photo	ფოტოატელიე	pot'oat'elie

magasin (m) de chaussures	ფეხსაცმლის მაღაზია	pekhsatsmlis maghazia
librairie (f)	წიგნების მაღაზია	ts'ignebis maghazia
magasin (m) d'articles de sport	სპორტული მაღაზია	sp'ort'uli maghazia
atelier (m) de retouche	ტანსაცმლის შეკეთება	t'ansatsmlis shek'eteba
location (f) de vêtements	ტანსაცმლის გაქირავება	t'ansatsmlis gakiraveba
location (f) de films	ფილმების გაქირავება	pilmebis gakiraveba
cirque (m)	ცირკი	tsirk'i
zoo (m)	ზოოპარკი	zoop'ark'i
cinéma (m)	კინოთეატრი	k'inoteat'ri
musée (m)	მუზეუმი	muzeumi
bibliothèque (f)	ბიბლიოთეკა	bibliotek'a
théâtre (m)	თეატრი	teat'ri
opéra (m)	ოპერა	op'era
boîte (f) de nuit	ღამის კლუბი	ghamis k'lubi
casino (m)	სამორინე	samorine
mosquée (f)	მეჩეთი	mecheti
synagogue (f)	სინაგოგა	sinagoga
cathédrale (f)	ტაძარი	t'adzari
temple (m)	ტაძარი	t'adzari
église (f)	ეკლესია	ek'lesia
institut (m)	ინსტიტუტი	inst'it'ut'i
université (f)	უნივერსიტეტი	universit'et'i
école (f)	სკოლა	sk'ola
préfecture (f)	პრეფექტურა	p'repekt'ura
mairie (f)	მერია	meria
hôtel (m)	სასტუმრო	sast'umro
banque (f)	ბანკი	bank'i
ambassade (f)	საელჩო	saelcho
agence (f) de voyages	ტურისტული სააგენტო	t'urist'uli saagent'o
bureau (m) d'information	ცნობათა ბიურო	tsnobata biuro
bureau (m) de change	გაცვლითი პუნქტი	gatsvliti p'unkt'i
métro (m)	მეტრო	met'ro
hôpital (m)	საავადმყოფო	saavadmqopo
station-service (f)	ბენზინგასამართი სადგური	benzingasamarti sadguri
parking (m)	ავტოსადგომი	avt'osadgomi

30. Les enseignes. Les panneaux

enseigne (f)	აბრა	abra
pancarte (f)	წარწერა	ts'arts'era

poster (m)	პლაკატი	p'lak'at'i
indicateur (m) de direction	მაჩვენებელი	machvenebeli
flèche (f)	ისარი	isari
avertissement (m)	გაფრთხილება	gaprtkhileba
panneau d'avertissement	გაფრთხილება	gaprtkhileba
avertir (vt)	გაფრთხილება	gaprtkhileba
jour (m) de repos	დასვენების დღე	dasvenebis dghe
horaire (m)	განრიგი	ganrigi
heures (f pl) d'ouverture	სამუშაო საათები	samushao saatebi
BIENVENUE!	კეთილი იყოს თქვენი მობრძანება!	k'etili iqos tkveni mobrdzaneba!
ENTRÉE	შესასვლელი	shesasvleli
SORTIE	გასასვლელი	gasasvleli
POUSSER	თქვენგან	tkvengan
TIRER	თქვენსკენ	tkvensk'en
OUVERT	ღიაა	ghiaa
FERMÉ	დაკეტილია	dak'et'ilia
FEMMES	ქალებისათვის	kalebisatvis
HOMMES	კაცებისათვის	k'atsebisatvis
RABAIS	ფასდაკლებები	pasdak'lebebi
SOLDES	გაყიდვა	gaqidva
NOUVEAU!	სიახლე!	siakhle!
GRATUIT	უფასოდ	upasod
ATTENTION!	ყურადღება!	quradgheba!
COMPLET	ადგილები არ არის	adgilebi ar aris
RÉSERVÉ	დარეზერვირებულია	darezervirebulia
ADMINISTRATION	ადმინისტრაცია	administ'ratsia
RÉSERVÉ AU PERSONNEL	მხოლოდ პერსონალისათვის	mkholod p'ersonalisatvis
ATTENTION CHIEN MÉCHANT	ავი ძაღლი	avi dzaghli
DÉFENSE DE FUMER	ნუ მოსწევთ!	nu mosts'evt!
PRIÈRE DE NE PAS TOUCHER	ხელით ნუ შეეხებით!	khelit nu sheekhebit!
DANGEREUX	საშიშია	sashishia
DANGER	საფრთხე	saprtkhe
HAUTE TENSION	მაღალი ძაბვა	maghali dzabva
BAIGNADE INTERDITE	ბანაობა აკრძალულია	banaoba ak'rdzalulia
HORS SERVICE	არ მუშაობს	ar mushaobs
INFLAMMABLE	ცეცხლსაშიშია	tsetskhlsashishia
INTERDIT	აკრძალულია	ak'rdzalulia

| PASSAGE INTERDIT | გასვლა აკრძალულია | gasvla ak'rdzalulia |
| PEINTURE FRAÎCHE | შეღებილია | sheghebilia |

31. Le shopping

acheter (vt)	ყიდვა	qidva
achat (m)	ნაყიდი	naqidi
shopping (m)	შოპინგი	shop'ingi

| être ouvert | მუშაობა | mushaoba |
| être fermé | დაკეტვა | dak'et'va |

chaussures (f pl)	ფეხსაცმელი	pekhsatsmeli
vêtement (m)	ტანსაცმელი	t'ansatsmeli
produits (m pl) de beauté	კოსმეტიკა	k'osmet'ik'a
produits (m pl) alimentaires	პროდუქტები	p'rodukt'ebi
cadeau (m)	საჩუქარი	sachukari

| vendeur (m) | გამყიდველი | gamqidveli |
| vendeuse (f) | გამყიდველი | gamqidveli |

caisse (f)	სალარო	salaro
miroir (m)	სარკე	sark'e
comptoir (m)	დახლი	dakhli
cabine (f) d'essayage	მოსაზომი ოთახი	mosazomi otakhi

essayer (robe, etc.)	მოზომება	mozomeba
aller bien (robe, etc.)	მორგება	morgeba
plaire (être apprécié)	მოწონება	mots'oneba

prix (m)	ფასი	pasi
étiquette (f) de prix	საფასარი	sapasari
coûter (vt)	ღირება	ghireba
Combien?	რამდენი?	ramdeni?
rabais (m)	ფასდაკლება	pasdak'leba

pas cher (adj)	საკმაოდ იაფი	sak'maod iapi
bon marché (adj)	იაფი	iapi
cher (adj)	ძვირი	dzviri
C'est cher	ეს ძვირია	es dzviria

location (f)	გაქირავება	gakiraveba
louer (une voiture, etc.)	ქირით აღება	kirit agheba
crédit (m)	კრედიტი	k'redit'i
à crédit (adv)	სესხად	seskhad

T&P BOOKS

LES VÊTEMENTS &
LES ACCESSOIRES

T&P Books Publishing

32. Les vêtements d'extérieur

vêtement (m)	ტანსაცმელი	t'ansatsmeli
survêtement (m)	ზედა ტანსაცმელი	zeda t'ansatsmeli
vêtement (m) d'hiver	ზამთრის ტანსაცმელი	zamtris t'ansatsmeli
manteau (m)	პალტო	p'alt'o
manteau (m) de fourrure	ქურქი	kurki
veste (f) de fourrure	ჯუბაჩა	jubacha
manteau (m) de duvet	ყურთუკი	qurtuk'i
veste (f) (~ en cuir)	ქურთუკი	kurtuk'i
imperméable (m)	ლაბადა	labada
imperméable (adj)	ულტობი	ult'obi

33. Les vêtements

chemise (f)	პერანგი	p'erangi
pantalon (m)	შარვალი	sharvali
jean (m)	ჯინსი	jinsi
veston (m)	პიჯაკი	p'ijak'i
complet (m)	კოსტიუმი	k'ost'iumi
robe (f)	კაბა	k'aba
jupe (f)	ბოლოკაბა	bolok'aba
chemisette (f)	ბლუზა	bluza
veste (f) en laine	კოფთა	k'opta
jaquette (f), blazer (m)	ჟაკეტი	zhak'et'i
tee-shirt (m)	მაისური	maisuri
short (m)	შორტი	short'i
costume (m) de sport	სპორტული კოსტიუმი	sp'ort'uli k'ost'iumi
peignoir (m) de bain	ხალათი	khalati
pyjama (m)	პიჟამო	p'izhamo
chandail (m)	სვიტრი	svit'ri
pull-over (m)	პულოვერი	p'uloveri
gilet (m)	ჟილეტი	zhilet'i
queue-de-pie (f)	ფრაკი	prak'i
smoking (m)	სმოკინგი	smok'ingi
uniforme (m)	ფორმა	porma
tenue (f) de travail	სამუშაო ტანსაცმელი	samushao t'ansatsmeli

| salopette (f) | კომბინეზონი | k'ombinezoni |
| blouse (f) (d'un médecin) | ხალათი | khalati |

34. Les sous-vêtements

sous-vêtements (m pl)	საცვალი	satsvali
maillot (m) de corps	მაისური	maisuri
chaussettes (f pl)	წინდები	ts'indebi

chemise (f) de nuit	ღამის პერანგი	ghamis p'erangi
soutien-gorge (m)	ბიუსტჰალტერი	biust'halt'eri
chaussettes (f pl) hautes	გოლფი-წინდები	golpi-ts'indebi
collants (m pl)	კოლგოტი	k'olgot'i
bas (m pl)	ყელიანი წინდები	qeliani ts'indebi
maillot (m) de bain	საბანაო კოსტიუმი	sabanao k'ost'iumi

35. Les chapeaux

chapeau (m)	ქუდი	kudi
chapeau (m) feutre	ქუდი	kudi
casquette (f) de base-ball	ბეისბოლის კეპი	beisbolis k'ep'i
casquette (f)	კეპი	k'ep'i

béret (m)	ბერეტი	beret'i
capuche (f)	კაპიუშონი	k'ap'iushoni
panama (m)	პანამა	p'anama
bonnet (m) de laine	ნაქსოვი ქუდი	naksovi kudi

| foulard (m) | თავსაფარი | tavsapari |
| chapeau (m) de femme | ქუდი | kudi |

casque (m) (d'ouvriers)	კასკა	k'ask'a
calot (m)	პილოტურა	p'ilot'ura
casque (m) (~ de moto)	ჩაფხუტი	chapkhut'i

| melon (m) | ქვაბ-ქუდა | kvab-kuda |
| haut-de-forme (m) | ცილინდრი | tsilindri |

36. Les chaussures

chaussures (f pl)	ფეხსაცმელი	pekhsatsmeli
bottines (f pl)	ყელიანი ფეხსაცმელი	qeliani pekhsatsmeli
souliers (m pl) (~ plats)	ტუფლი	t'upli
bottes (f pl)	ჩექმები	chekmebi
chaussons (m pl)	ჩუსტები	chust'ebi
tennis (m pl)	ფეხსაცმელი	pekhsatsmeli

baskets (f pl)	კედი	k'edi
sandales (f pl)	სანდლები	sandlebi
cordonnier (m)	მეჩექმე	mechekme
talon (m)	ქუსლი	kusli
paire (f)	წყვილი	ts'qvili
lacet (m)	ზონარი	zonari
lacer (vt)	ზონრით შეკვრა	zonrit shek'vra
chausse-pied (m)	საშველი	sashveli
cirage (m)	ფეხსაცმლის კრემი	pekhsatsmlis k'remi

37. Les accessoires personnels

gants (m pl)	ხელთათმანები	kheltatmanebi
moufles (f pl)	ხელთათმანი	kheltatmani
écharpe (f)	კაშნი	k'ashni
lunettes (f pl)	სათვალე	satvale
monture (f)	ჩარჩო	charcho
parapluie (m)	ქოლგა	kolga
canne (f)	ხელჯოხი	kheljokhi
brosse (f) à cheveux	თმის ჯაგრისი	tmis jagrisi
éventail (m)	მარაო	marao
cravate (f)	ჰალსტუხი	halst'ukhi
nœud papillon (m)	პეპელა-ჰალსტუხი	p'ep'ela-halst'ukhi
bretelles (f pl)	აჭიმი	ach'imi
mouchoir (m)	ცხვირსახოცი	tskhvirsakhotsi
peigne (m)	სავარცხელი	savartskheli
barrette (f)	თმის სამაგრი	tmis samagri
épingle (f) à cheveux	თმის სარჭი	tmis sarch'i
boucle (f)	ბალთა	balta
ceinture (f)	ქამარი	kamari
bandoulière (f)	თასმა	tasma
sac (m)	ჩანთა	chanta
sac (m) à main	ჩანთა	chanta
sac (m) à dos	რუკზაკი	ruk'zak'i

38. Les vêtements. Divers

mode (f)	მოდა	moda
à la mode (adj)	მოდური	moduri
couturier, créateur de mode	მოდელიერი	modelieri

col (m)	საყელო	saqelo
poche (f)	ჯიბე	jibe
de poche (adj)	ჯიბისა	jibisa
manche (f)	სახელო	sakhelo
bride (f)	საკიდარი	sak'idari
braguette (f)	ბარტყი	bart'qi
fermeture (f) à glissière	ელვა-შესაკრავი	elva-shesak'ravi
agrafe (f)	შესაკრავი	shesak'ravi
bouton (m)	ღილი	ghili
boutonnière (f)	ჩასაღილავი	chasaghilavi
s'arracher (bouton)	მოწყვეტა	mots'qvet'a
coudre (vi, vt)	კერვა	k'erva
broder (vt)	ქარგვა	kargva
broderie (f)	ნაქარგი	nakargi
aiguille (f)	ნემსი	nemsi
fil (m)	ძაფი	dzapi
couture (f)	ნაკერი	nak'eri
se salir (vp)	გასვრა	gasvra
tache (f)	ლაქა	laka
se froisser (vp)	დაჭმუჭნა	dach'much'na
déchirer (vt)	გახევა	gakheva
mite (f)	ჩრჩილი	chrchili

39. L'hygiène corporelle. Les cosmétiques

dentifrice (m)	კბილის პასტა	k'bilis p'ast'a
brosse (f) à dents	კბილის ჯაგრისი	k'bilis jagrisi
se brosser les dents	კბილების გახეხვა	k'bilebis gakhekhva
rasoir (m)	სამართებელი	samartebeli
crème (f) à raser	საპარსი კრემი	sap'arsi k'remi
se raser (vp)	პარსვა	p'arsva
savon (m)	საპონი	sap'oni
shampooing (m)	შამპუნი	shamp'uni
ciseaux (m pl)	მაკრატელი	mak'rat'eli
lime (f) à ongles	ფრჩხილის ქლიბი	prchkhilis klibi
pinces (f pl) à ongles	ფრჩხილის საკვნეტი	prchkhilis sak'vnet'i
pince (f) à épiler	პინცეტი	p'intset'i
produits (m pl) de beauté	კოსმეტიკა	k'osmet'ik'a
masque (m) de beauté	ნიღაბი	nighabi
manucure (f)	მანიკიური	manik'iuri
se faire les ongles	მანიკიურის კეთება	manik'iuris k'eteba
pédicurie (f)	პედიკიური	p'edik'iuri
trousse (f) de toilette	კოსმეტიკის ჩანთა	k'osmet'ik'is chanta

poudre (f)	პუდრი	p'udri
poudrier (m)	საპუდრე	sap'udre
fard (m) à joues	ფერი	peri
parfum (m)	სუნამო	sunamo
eau (f) de toilette	ტუალეტის წყალი	t'ualet'is ts'qali
lotion (f)	ლოსიონი	losioni
eau de Cologne (f)	ოდეკოლონი	odek'oloni
fard (m) à paupières	ქუთუთოს ჩრდილი	kututos chrdili
crayon (m) à paupières	თვალის ფანქარი	tvalis pankari
mascara (m)	ტუში	t'ushi
rouge (m) à lèvres	ტუჩის პომადა	t'uchis p'omada
vernis (m) à ongles	ფრჩხილის ლაქი	prchkhilis laki
laque (f) pour les cheveux	თმის ლაქი	tmis laki
déodorant (m)	დეზოდორანტი	dezodorant'i
crème (f)	კრემი	k'remi
crème (f) pour le visage	სახის კრემი	sakhis k'remi
crème (f) pour les mains	ხელის კრემი	khelis k'remi
crème (f) anti-rides	ნაოჭების საწინააღმდეგო კრემი	naoch'ebis sats'inaaghmdego k'remi
de jour (adj)	დღისა	dghisa
de nuit (adj)	ღამისა	ghamisa
tampon (m)	ტამპონი	t'amp'oni
papier (m) de toilette	ტუალეტის ქაღალდი	t'ualet'is kaghaldi
sèche-cheveux (m)	ფენი	peni

40. Les montres. Les horloges

montre (f)	საათი	saati
cadran (m)	ციფერბლატი	tsiperblat'i
aiguille (f)	ისარი	isari
bracelet (m)	სამაჯური	samajuri
bracelet (m) (en cuir)	თასმა	tasma
pile (f)	ბატარეა	bat'area
être déchargé	დაჯდომა	dajdoma
changer de pile	ბატარეის გამოცვლა	bat'areis gamotsvla
pendule (f)	კედლის საათი	k'edlis saati
sablier (m)	ქვიშის საათი	kvishis saati
cadran (m) solaire	მზის საათი	mzis saati
réveil (m)	მაღვიძარა	maghvidzara
horloger (m)	მესაათე	mesaate
réparer (vt)	გარემონტება	garemont'eba

L'EXPÉRIENCE QUOTIDIENNE

T&P Books Publishing

41. L'argent

argent (m)	ფული	puli
échange (m)	გაცვლა	gatsvla
cours (m) de change	კურსი	k'ursi
distributeur (m)	ბანკომატი	bank'omat'i
monnaie (f)	მონეტა	monet'a
dollar (m)	დოლარი	dolari
euro (m)	ევრო	evro
lire (f)	ლირა	lira
mark (m) allemand	მარკა	mark'a
franc (m)	ფრანკი	prank'i
livre sterling (f)	გირვანქა სტერლინგი	girvanka st'erlingi
yen (m)	იენა	iena
dette (f)	ვალი	vali
débiteur (m)	მოვალე	movale
prêter (vt)	ნისიად მიცემა	nisiad mitsema
emprunter (vt)	ნისიად აღება	nisiad agheba
banque (f)	ბანკი	bank'i
compte (m)	ანგარიში	angarishi
verser dans le compte	ანგარიშზე დადება	angarishze dadeba
retirer du compte	ანგარიშიდან მოხსნა	angarishidan mokhsna
carte (f) de crédit	საკრედიტო ბარათი	sak'redit'o barati
espèces (f pl)	ნაღდი ფული	naghdi puli
chèque (m)	ჩეკი	chek'i
faire un chèque	ჩეკის გამოწერა	chek'is gamots'era
chéquier (m)	ჩეკების წიგნაკი	chek'ebis ts'ignak'i
portefeuille (m)	საფულე	sapule
bourse (f)	საფულე	sapule
coffre fort (m)	სეიფი	seipi
héritier (m)	მემკვიდრე	memk'vidre
héritage (m)	მემკვიდრეობა	memk'vidreoba
fortune (f)	ქონება	koneba
location (f)	იჯარა	ijara
loyer (m) (argent)	ბინის ქირა	binis kira
louer (prendre en location)	დაქირავება	dakiraveba
prix (m)	ფასი	pasi
coût (m)	ღირებულება	ghirebuleba

somme (f)	თანხა	tankha
dépenser (vt)	ხარჯვა	kharjva
dépenses (f pl)	ხარჯები	kharjebi
économiser (vt)	დაზოგვა	dazogva
économe (adj)	მომჭირნე	momch'irne

payer (régler)	გადახდა	gadakhda
paiement (m)	საზღაური	sazghauri
monnaie (f) (rendre la ~)	ხურდა	khurda

impôt (m)	გადასახადი	gadasakhadi
amende (f)	ჯარიმა	jarima
mettre une amende	დაჯარიმება	dajarimeba

42. La poste. Les services postaux

poste (f)	ფოსტა	post'a
courrier (m) (lettres, etc.)	ფოსტა	post'a
facteur (m)	ფოსტალიონი	post'alioni
heures (f pl) d'ouverture	სამუშაო საათები	samushao saatebi

lettre (f)	წერილი	ts'erili
recommandé (m)	დაზღვეული წერილი	dazghveuli ts'erili
carte (f) postale	ღია ბარათი	ghia barati
télégramme (m)	დეპეშა	dep'esha

| colis (m) | ამანათი | amanati |
| mandat (m) postal | ფულადი გზავნილი | puladi gzavnili |

recevoir (vt)	მიღება	migheba
envoyer (vt)	გაგზავნა	gagzavna
envoi (m)	გაგზავნა	gagzavna

| adresse (f) | მისამართი | misamarti |
| code (m) postal | ინდექსი | indeksi |

| expéditeur (m) | გამგზავნი | gamgzavni |
| destinataire (m) | მიმღები | mimghebi |

| prénom (m) | სახელი | sakheli |
| nom (m) de famille | გვარი | gvari |

tarif (m)	ტარიფი	t'aripi
normal (adj)	ჩვეულებრივი	chveulebrivi
économique (adj)	ეკონომიური	ek'onomiuri

poids (m)	წონა	ts'ona
peser (~ les lettres)	აწონვა	ats'onva
enveloppe (f)	კონვერტი	k'onvert'i
timbre (m)	მარკა	mark'a

43. Les opérations bancaires

banque (f)	ბანკი	bank'i
agence (f) bancaire	განყოფილება	ganqopileba
conseiller (m)	კონსულტანტი	k'onsult'ant'i
gérant (m)	მმართველი	mmartveli
compte (m)	ანგარიში	angarishi
numéro (m) du compte	ანგარიშის ნომერი	angarishis nomeri
compte (m) courant	მიმდინარე ანგარიში	mimdinare angarishi
compte (m) sur livret	დამაგროვებელი ანგარიში	damagrovebeli angarishi
ouvrir un compte	ანგარიშის გახსნა	angarishis gakhsna
clôturer le compte	ანგარიშის დახურვა	angarishis dakhurva
verser dans le compte	ანგარიშზე დადება	angarishze dadeba
retirer du compte	ანგარიშიდან მოხსნა	angarishidan mokhsna
dépôt (m)	ანაბარი	anabari
faire un dépôt	ანაბრის გაკეთება	anabris gak'eteba
virement (m) bancaire	გზავნილი	gzavnili
faire un transfert	გზავნილის გაკეთება	gzavnilis gak'eteba
somme (f)	თანხა	tankha
Combien?	რამდენი?	ramdeni?
signature (f)	ხელმოწერა	khelmots'era
signer (vt)	ხელის მოწერა	khelis mots'era
carte (f) de crédit	საკრედიტო ბარათი	sak'redit'o barati
code (m)	კოდი	k'odi
numéro (m) de carte de crédit	საკრედიტო ბარათის ნომერი	sak'redit'o baratis nomeri
distributeur (m)	ბანკომატი	bank'omat'i
chèque (m)	ჩეკი	chek'i
faire un chèque	ჩეკის გამოწერა	chek'is gamots'era
chéquier (m)	ჩეკების წიგნაკი	chek'ebis ts'ignak'i
crédit (m)	კრედიტი	k'redit'i
demander un crédit	კრედიტისათვის მიმართვა	k'redit'isatvis mimartva
prendre un crédit	კრედიტის აღება	k'redit'is agheba
accorder un crédit	კრედიტის წარდგენა	k'redit'is ts'ardgena
gage (m)	გარანტია	garant'ia

44. Le téléphone. La conversation téléphonique

téléphone (m)	ტელეფონი	t'eleponi
portable (m)	მობილური ტელეფონი	mobiluri t'eleponi

répondeur (m)	ავტომოპასუხე	avt'omop'asukhe
téléphoner, appeler	რეკვა	rek'va
appel (m)	ზარი	zari
composer le numéro	ნომრის აკრეფა	nomris ak'repa
Allô!	ალო!	alo!
demander (~ l'heure)	კითხვა	k'itkhva
répondre (vi, vt)	პასუხის გაცემა	p'asukhis gatsema
entendre (bruit, etc.)	სმენა	smena
bien (adv)	კარგად	k'argad
mal (adv)	ცუდად	tsudad
bruits (m pl)	ხარვეზები	kharvezebi
récepteur (m)	ყურმილი	qurmili
décrocher (vt)	ყურმილის აღება	qurmilis agheba
raccrocher (vi)	ყურმილის დადება	qurmilis dadeba
occupé (adj)	დაკავებული	dak'avebuli
sonner (vi)	რეკვა	rek'va
carnet (m) de téléphone	სატელეფონო წიგნი	sat'elepono ts'igni
local (adj)	ადგილობრივი	adgilobrivi
interurbain (adj)	საქალაქთაშორისო	sakalaktashoriso
international (adj)	საერთაშორისო	saertashoriso

45. Le téléphone portable

portable (m)	მობილური ტელეფონი	mobiluri t'eleponi
écran (m)	დისპლეი	disp'lei
bouton (m)	ღილაკი	ghilak'i
carte SIM (f)	SIM-ბარათი	SIM-barati
pile (f)	ბატარეა	bat'area
être déchargé	განმუხტვა	ganmukht'va
chargeur (m)	დასამუხტი მოწყობილობა	dasamukht'i mots'qobiloba
menu (m)	მენიუ	meniu
réglages (m pl)	აწყობა	ats'qoba
mélodie (f)	მელოდია	melodia
sélectionner (vt)	არჩევა	archeva
calculatrice (f)	კალკულატორი	k'alk'ulat'ori
répondeur (m)	ავტომოპასუხე	avt'omop'asukhe
réveil (m)	მაღვიძარა	maghvidzara
contacts (m pl)	სატელეფონო წიგნი	sat'elepono ts'igni
SMS (m)	SMS-შეტყობინება	SMS-shet'qobineba
abonné (m)	აბონენტი	abonent'i

46. La papeterie

stylo (m) à bille	ავტოკალამი	avt'ok'alami
stylo (m) à plume	კალამი	k'alami
crayon (m)	ფანქარი	pankari
marqueur (m)	მარკერი	mark'eri
feutre (m)	ფლომასტერი	plomast'eri
bloc-notes (m)	ბლოკნოტი	blok'not'i
agenda (m)	დღიური	dghiuri
règle (f)	სახაზავი	sakhazavi
calculatrice (f)	კალკულატორი	k'alk'ulat'ori
gomme (f)	საშლელი	sashleli
punaise (f)	ჭიკარტი	ch'ik'art'i
trombone (m)	სამაგრი	samagri
colle (f)	წებო	ts'ebo
agrafeuse (f)	სტეპლერი	st'ep'leri
perforateur (m)	სახვრეტელა	sakhvret'ela
taille-crayon (m)	სათლელი	satleli

47. Les langues étrangères

langue (f)	ენა	ena
étranger (adj)	უცხო	utskho
étudier (vt)	შესწავლა	shests'avla
apprendre (~ l'arabe)	სწავლა	sts'avla
lire (vi, vt)	კითხვა	k'itkhva
parler (vi, vt)	ლაპარაკი	lap'arak'i
comprendre (vt)	გაგება	gageba
écrire (vt)	წერა	ts'era
vite (adv)	სწრაფად	sts'rapad
lentement (adv)	ნელა	nela
couramment (adv)	თავისუფლად	tavisuplad
règles (f pl)	წესები	ts'esebi
grammaire (f)	გრამატიკა	gramat'ik'a
vocabulaire (m)	ლექსიკა	leksik'a
phonétique (f)	ფონეტიკა	ponet'ik'a
manuel (m)	სახელმძღვანელო	sakhelmdzghvanelo
dictionnaire (m)	ლექსიკონი	leksik'oni
manuel (m) autodidacte	თვითმასწავლებელი	tvitmasts'avlebeli
guide (m) de conversation	სასაუბრო	sasaubro
cassette (f)	კასეტი	k'aset'i

cassette (f) vidéo	ვიდეოკასეტი	videok'aset'i
CD (m)	კომპაქტური დისკი	k'omp'akt'uri disk'i
DVD (m)	დივიდი	dividi
alphabet (m)	ანბანი	anbani
épeler (vt)	ასოებით გამოთქმა	asoebit gamotkma
prononciation (f)	წარმოთქმა	ts'armotkma
accent (m)	აქცენტი	aktsent'i
avec un accent	აქცენტით	aktsent'it
sans accent	უაქცენტოდ	uaktsent'od
mot (m)	სიტყვა	sit'qva
sens (m)	მნიშვნელობა	mnishvneloba
cours (m pl)	კურსები	k'ursebi
s'inscrire (vp)	ჩაწერა	chats'era
professeur (m) (~ d'anglais)	მასწავლებელი	masts'avlebeli
traduction (f) (action)	თარგმნა	targmna
traduction (f) (texte)	თარგმანი	targmani
traducteur (m)	მთარგმნელი	mtargmneli
interprète (m)	თარჯიმანი	tarjimani
polyglotte (m)	პოლიგლოტი	p'oliglot'i
mémoire (f)	მეხსიერება	mekhsiereba

T&P BOOKS

LES REPAS.
LE RESTAURANT

T&P Books Publishing

48. Le dressage de la table

cuillère (f)	კოვზი	k'ovzi
couteau (m)	დანა	dana
fourchette (f)	ჩანგალი	changali
tasse (f)	ფინჯანი	pinjani
assiette (f)	თეფში	tepshi
soucoupe (f)	ლამბაქი	lambaki
serviette (f)	ხელსახოცი	khelsakhotsi
cure-dent (m)	კბილსაჩიჩქნი	k'bilsachichkni

49. Le restaurant

restaurant (m)	რესტორანი	rest'orani
salon (m) de café	ყავახანა	qavakhana
bar (m)	ბარი	bari
salon (m) de thé	ჩაის სალონი	chais saloni
serveur (m)	ოფიციანტი	opitsiant'i
serveuse (f)	ოფიციანტი	opitsiant'i
barman (m)	ბარმენი	barmeni
carte (f)	მენიუ	meniu
carte (f) des vins	ღვინის ბარათი	ghvinis barati
réserver une table	მაგიდის დაჯავშნა	magidis dajavshna
plat (m)	კერძი	k'erdzi
commander (vt)	შეკვეთა	shek'veta
faire la commande	შეკვეთის გაკეთება	shek'vetis gak'eteba
apéritif (m)	აპერიტივი	ap'erit'ivi
hors-d'œuvre (m)	საუზმეული	sauzmeuli
dessert (m)	დესერტი	desert'i
addition (f)	ანგარიში	angarishi
régler l'addition	ანგარიშის გადახდა	angarishis gadakhda
rendre la monnaie	ხურდის მიცემა	khurdis mitsema
pourboire (m)	გასამრჯელო	gasamrjelo

50. Les repas

nourriture (f)	საჭმელი	sach'meli
manger (vi, vt)	ჭამა	ch'ama

petit déjeuner (m)	საუზმე	sauzme
prendre le petit déjeuner	საუზმობა	sauzmoba
déjeuner (m)	სადილი	sadili
déjeuner (vi)	სადილობა	sadiloba
dîner (m)	ვახშამი	vakhshami
dîner (vi)	ვახშმობა	vakhshmoba

| appétit (m) | მადა | mada |
| Bon appétit! | გაამოთ! | gaamot! |

ouvrir (vt)	გახსნა	gakhsna
renverser (liquide)	დაღვრა	daghvra
se renverser (liquide)	დაღვრა	daghvra

bouillir (vi)	დუღილი	dughili
faire bouillir	ადუღება	adugheba
bouilli (l'eau ~e)	ნადუღი	nadughi
refroidir (vt)	გაგრილება	gagrileba
se refroidir (vp)	გაგრილება	gagrileba

| goût (m) | გემო | gemo |
| arrière-goût (m) | გემო | gemo |

suivre un régime	გახდომა	gakhdoma
régime (m)	დიეტა	diet'a
vitamine (f)	ვიტამინი	vit'amini
calorie (f)	კალორია	k'aloria
végétarien (m)	ვეგეტარიანელი	veget'arianeli
végétarien (adj)	ვეგეტარიანული	veget'arianuli

lipides (m pl)	ცხიმები	tskhimebi
protéines (f pl)	ცილები	tsilebi
glucides (m pl)	ნახშირწყლები	nakhshirts'qlebi
tranche (f)	ნაჭერი	nach'eri
morceau (m)	ნაჭერი	nach'eri
miette (f)	ნამცეცი	namtsetsi

51. Les plats cuisinés

plat (m)	კერძი	k'erdzi
cuisine (f)	სამზარეულო	samzareulo
recette (f)	რეცეპტი	retsep't'i
portion (f)	ულუფა	ulupa

| salade (f) | სალათი | salati |
| soupe (f) | წვნიანი | ts'vniani |

bouillon (m)	ბულიონი	bulioni
sandwich (m)	ბუტერბროდი	but'erbrodi
les œufs brouillés	ერბო-კვერცხი	erbo-k'vertskhi

hamburger (m)	ჰამბურგერი	hamburgeri
steak (m)	ბივშტექსი	bivsht'eksi
garniture (f)	გარნირი	garniri
spaghettis (m pl)	სპაგეტი	sp'aget'i
purée (f)	კარტოფილის პიურე	k'art'opilis p'iure
pizza (f)	პიცა	p'itsa
bouillie (f)	ფაფა	papa
omelette (f)	ომლეტი	omlet'i
cuit à l'eau (adj)	მოხარშული	mokharshuli
fumé (adj)	შებოლილი	shebolili
frit (adj)	შემწვარი	shemts'vari
sec (adj)	გამხმარი	gamkhmari
congelé (adj)	გაყინული	gaqinuli
mariné (adj)	მარინადში ჩადებული	marinadshi chadebuli
sucré (adj)	ტკბილი	t'k'bili
salé (adj)	მლაშე	mlashe
froid (adj)	ცივი	tsivi
chaud (adj)	ცხელი	tskheli
amer (adj)	მწარე	mts'are
bon (savoureux)	გემრიელი	gemrieli
cuire à l'eau	ხარშვა	kharshva
préparer (le dîner)	მზადება	mzadeba
faire frire	შეწვა	shets'va
réchauffer (vt)	გაცხელება	gatskheleba
saler (vt)	მარილის მოყრა	marilis moqra
poivrer (vt)	პილპილის მოყრა	p'ilp'ilis moqra
râper (vt)	გახეხვა	gakhekhva
peau (f)	ქერქი	kerki
éplucher (vt)	ფცქვნა	ptskvna

52. Les aliments

viande (f)	ხორცი	khortsi
poulet (m)	ქათამი	katami
poulet (m) (poussin)	წიწილა	ts'its'ila
canard (m)	იხვი	ikhvi
oie (f)	ბატი	bat'i
gibier (m)	ნანადირევი	nanadirevi
dinde (f)	ინდაური	indauri
du porc	ღორის ხორცი	ghoris khortsi
du veau	ხბოს ხორცი	khbos khortsi
du mouton	ცხვრის ხორცი	tskhvris khortsi
du bœuf	საქონლის ხორცი	sakonlis khortsi
lapin (m)	ბოცვერი	botsveri

saucisson (m)	ძეხვი	dzekhvi
saucisse (f)	სოსისი	sosisi
bacon (m)	ბეკონი	bek'oni
jambon (m)	ლორი	lori
cuisse (f)	ბარკალი	bark'ali
pâté (m)	პაშტეტი	p'asht'et'i
foie (m)	ღვიძლი	ghvidzli
farce (f)	ფარში	parshi
langue (f)	ენა	ena
œuf (m)	კვერცხი	k'vertskhi
les œufs	კვერცხები	k'vertskhebi
blanc (m) d'œuf	ცილა	tsila
jaune (m) d'œuf	კვერცხის გული	k'vertskhis guli
poisson (m)	თევზი	tevzi
fruits (m pl) de mer	ზღვის პროდუქტები	zghvis p'rodukt'ebi
crustacés (m pl)	კიბოსნაირნი	k'ibosnairni
caviar (m)	ხიზილალა	khizilala
crabe (m)	კიბორჩხალა	k'iborchkhala
crevette (f)	კრევეტი	k'revet'i
huître (f)	ხამანწკა	khamants'k'a
langoustine (f)	ლანგუსტი	langust'i
poulpe (m)	რვაფეხა	rvapekha
calamar (m)	კალმარი	k'almari
esturgeon (m)	თართი	tarti
saumon (m)	ორაგული	oraguli
flétan (m)	პალტუსი	p'alt'usi
morue (f)	ვირთევზა	virtevza
maquereau (m)	სკუმბრია	sk'umbria
thon (m)	თინუსი	tinusi
anguille (f)	გველთევზა	gveltevza
truite (f)	კალმახი	k'almakhi
sardine (f)	სარდინი	sardini
brochet (m)	ქარიყლაპია	kariqlap'ia
hareng (m)	ქაშაყი	kashaqi
pain (m)	პური	p'uri
fromage (m)	ყველი	qveli
sucre (m)	შაქარი	shakari
sel (m)	მარილი	marili
riz (m)	ბრინჯი	brinji
pâtes (m pl)	მაკარონი	mak'aroni
nouilles (f pl)	ატრია	at'ria
beurre (m)	კარაქი	k'araki
huile (f) végétale	მცენარეული ზეთი	mtsenarueli zeti

| huile (f) de tournesol | მზესუმზირის ზეთი | mzesumziris zeti |
| margarine (f) | მარგარინი | margarini |

| olives (f pl) | ზეითუნი | zeituni |
| huile (f) d'olive | ზეითუნის ზეთი | zeitunis zeti |

lait (m)	რძე	rdze
lait (m) condensé	შესქელებული რძე	sheskelebuli rdze
yogourt (m)	იოგურტი	iogurt'i
crème (f) aigre	არაჟანი	arazhani
crème (f) (de lait)	ნაღები	naghebi

| sauce (f) mayonnaise | მაიონეზი | maionezi |
| crème (f) au beurre | კრემი | k'remi |

gruau (m)	ბურღული	burghuli
farine (f)	ფქვილი	pkvili
conserves (f pl)	კონსერვები	k'onservebi

pétales (m pl) de maïs	სიმინდის ბურბუშელა	simindis burbushela
miel (m)	თაფლი	tapli
confiture (f)	ჯემი	jemi
gomme (f) à mâcher	საღეჭი რეზინი	saghech'i rezini

53. Les boissons

eau (f)	წყალი	ts'qali
eau (f) potable	სასმელი წყალი	sasmeli ts'qali
eau (f) minérale	მინერალური წყალი	mineraluri ts'qali

plate (adj)	უგაზო	ugazo
gazeuse (l'eau ~)	გაზირებული	gazirebuli
pétillante (adj)	გაზიანი	gaziani
glace (f)	ყინული	qinuli
avec de la glace	ყინულით	qinulit

sans alcool	უალკოჰოლო	ualk'oholo
boisson (f) non alcoolisée	უალკოჰოლო სასმელი	ualk'oholo sasmeli
rafraîchissement (m)	გამაგრილებელი სასმელი	gamagrilebeli sasmeli
limonade (f)	ლიმონათი	limonati

boissons (f pl) alcoolisées	ალკოჰოლიანი სასმელები	alk'oholiani sasmelebi
vin (m)	ღვინო	ghvino
vin (m) blanc	თეთრი ღვინო	tetri ghvino
vin (m) rouge	წითელი ღვინო	ts'iteli ghvino

liqueur (f)	ლიქიორი	likiori
champagne (m)	შამპანური	shamp'anuri
vermouth (m)	ვერმუტი	vermut'i
whisky (m)	ვისკი	visk'i

vodka (f)	არაყი	araqi
gin (m)	ჯინი	jini
cognac (m)	კონიაკი	k'oniak'i
rhum (m)	რომი	romi

café (m)	ყავა	qava
café (m) noir	შავი ყავა	shavi qava
café (m) au lait	რძიანი ყავა	rdziani qava
cappuccino (m)	ნაღებიანი ყავა	naghebiani qava
café (m) soluble	ხსნადი ყავა	khsnadi qava

lait (m)	რძე	rdze
cocktail (m)	კოკტეილი	k'ok't'eili
cocktail (m) au lait	რძის კოკტეილი	rdzis k'ok't'eili

jus (m)	წვენი	ts'veni
jus (m) de tomate	ტომატის წვენი	t'omat'is ts'veni
jus (m) d'orange	ფორთოხლის წვენი	portokhlis ts'veni
jus (m) pressé	ახლადგამოწურული წვენი	akhladgamots'uruli ts'veni

bière (f)	ლუდი	ludi
bière (f) blonde	ღია ფერის ლუდი	ghia peris ludi
bière (f) brune	მუქი ლუდი	muki ludi

thé (m)	ჩაი	chai
thé (m) noir	შავი ჩაი	shavi chai
thé (m) vert	მწვანე ჩაი	mts'vane chai

54. Les légumes

légumes (m pl)	ბოსტნეული	bost'neuli
verdure (f)	მწვანილი	mts'vanili

tomate (f)	პომიდორი	p'omidori
concombre (m)	კიტრი	k'it'ri
carotte (f)	სტაფილო	st'apilo
pomme (f) de terre	კარტოფილი	k'art'opili
oignon (m)	ხახვი	khakhvi
ail (m)	ნიორი	niori

chou (m)	კომბოსტო	k'ombost'o
chou-fleur (m)	ყვავილოვანი კომბოსტო	qvavilovani k'ombost'o
chou (m) de Bruxelles	ბრიუსელის კომბოსტო	briuselis k'ombost'o
brocoli (m)	კომბოსტო ბროკოლი	k'ombost'o brok'oli

betterave (f)	ჭარხალი	ch'arkhali
aubergine (f)	ბადრიჯანი	badrijani
courgette (f)	ყაბაყი	qabaqi
potiron (m)	გოგრა	gogra

navet (m)	თალგამი	talgami
persil (m)	ოხრახუში	okhrakhushi
fenouil (m)	კამა	k'ama
laitue (f) (salade)	სალათი	salati
céleri (m)	ნიახური	niakhuri
asperge (f)	სატაცური	sat'atsuri
épinard (m)	ისპანახი	isp'anakhi

pois (m)	ბარდა	barda
fèves (f pl)	პარკები	p'ark'ebi
maïs (m)	სიმინდი	simindi
haricot (m)	ლობიო	lobio

poivron (m)	წიწაკა	ts'its'ak'a
radis (m)	ბოლოკი	bolok'i
artichaut (m)	არტიშოკი	art'ishok'i

55. Les fruits. Les noix

fruit (m)	ხილი	khili
pomme (f)	ვაშლი	vashli
poire (f)	მსხალი	mskhali
citron (m)	ლიმონი	limoni
orange (f)	ფორთოხალი	portokhali
fraise (f)	მარწყვი	marts'qvi

mandarine (f)	მანდარინი	mandarini
prune (f)	ქლიავი	kliavi
pêche (f)	ატამი	at'ami
abricot (m)	გარგარი	gargari
framboise (f)	ჟოლო	zholo
ananas (m)	ანანასი	ananasi

banane (f)	ბანანი	banani
pastèque (f)	საზამთრო	sazamtro
raisin (m)	ყურძენი	qurdzeni
cerise (f)	ალუბალი	alubali
merise (f)	ბალი	bali
melon (m)	ნესვი	nesvi

pamplemousse (m)	გრეიფრუტი	greiprut'i
avocat (m)	ავოკადო	avok'ado
papaye (f)	პაპაია	p'ap'aia
mangue (f)	მანგო	mango
grenade (f)	ბროწეული	brots'euli

groseille (f) rouge	წითელი მოცხარი	ts'iteli motskhari
cassis (m)	შავი მოცხარი	shavi motskhari
groseille (f) verte	ხურტკმელი	khurt'k'meli
myrtille (f)	მოცვი	motsvi

mûre (f)	მაყვალი	maqvali
raisin (m) sec	ქიშმიში	kishmishi
figue (f)	ლეღვი	leghvi
datte (f)	ფინიკი	pinik'i

cacahuète (f)	მიწის თხილი	mits'is tkhili
amande (f)	ნუში	nushi
noix (f)	კაკალი	k'ak'ali
noisette (f)	თხილი	tkhili
noix (f) de coco	ქოქოსის კაკალი	kokosis k'ak'ali
pistaches (f pl)	ფსტა	pst'a

56. Le pain. Les confiseries

confiserie (f)	საკონდიტრო ნაწარმი	sak'ondit'ro nats'armi
pain (m)	პური	p'uri
biscuit (m)	ნამცხვარი	namtskhvari

chocolat (m)	შოკოლადი	shok'oladi
en chocolat (adj)	შოკოლადისა	shok'oladisa
bonbon (m)	კანფეტი	k'anpet'i
gâteau (m), pâtisserie (f)	ტკბილღვეზელა	t'k'bilghvezela
tarte (f)	ტორტი	t'ort'i

| gâteau (m) | ღვეზელი | ghvezeli |
| garniture (f) | შიგთავსი | shigtavsi |

confiture (f)	მურაბა	muraba
marmelade (f)	მარმელადი	marmeladi
gaufre (f)	ვაფლი	vapli
glace (f)	ნაყინი	naqini
pudding (m)	პუდინგი	p'udingi

57. Les épices

sel (m)	მარილი	marili
salé (adj)	მლაშე	mlashe
saler (vt)	მარილის მოყრა	marilis moqra

poivre (m) noir	პილპილი	p'ilp'ili
poivre (m) rouge	წიწაკა	ts'its'ak'a
moutarde (f)	მდოგვი	mdogvi
raifort (m)	პირშუშხა	p'irshushkha

condiment (m)	სანელებელი	sanelebeli
épice (f)	სუნელი	suneli
sauce (f)	სოუსი	sousi
vinaigre (m)	ძმარი	dzmari

anis (m)	ანისული	anisuli
basilic (m)	რეჰანი	rehani
clou (m) de girofle	მიხაკი	mikhak'i
gingembre (m)	კოჭა	k'och'a
coriandre (m)	ქინძი	kindzi
cannelle (f)	დარიჩინი	darichini
sésame (m)	ქუნჟუტი	kunzhut'i
feuille (f) de laurier	დაფნის ფოთოლი	dapnis potoli
paprika (m)	წიწაკა	ts'its'ak'a
cumin (m)	კვლიავი	k'vliavi
safran (m)	ზაფრანა	zaprana

T&P BOOKS

LES DONNÉES PERSONNELLES. LA FAMILLE

T&P Books Publishing

58. Les données personnelles. Les formulaires

prénom (m)	სახელი	sakheli
nom (m) de famille	გვარი	gvari
date (f) de naissance	დაბადების თარიღი	dabadebis tarighi
lieu (m) de naissance	დაბადების ადგილი	dabadebis adgili
nationalité (f)	ეროვნება	erovneba
domicile (m)	საცხოვრებელი ადგილი	satskhovrebeli adgili
pays (m)	ქვეყანა	kveqana
profession (f)	პროფესია	p'ropesia
sexe (m)	სქესი	skesi
taille (f)	სიმაღლე	simaghle
poids (m)	წონა	ts'ona

59. La famille. Les liens de parenté

mère (f)	დედა	deda
père (m)	მამა	mama
fils (m)	ვაჟიშვილი	vazhishvili
fille (f)	ქალიშვილი	kalishvili
fille (f) cadette	უმცროსი ქალიშვილი	umtsrosi kalishvili
fils (m) cadet	უმცროსი ვაჟიშვილი	umtsrosi vazhishvili
fille (f) aînée	უფროსი ქალიშვილი	uprosi kalishvili
fils (m) aîné	უფროსი ვაჟიშვილი	uprosi vazhishvili
frère (m)	ძმა	dzma
sœur (f)	და	da
maman (f)	დედა	deda
papa (m)	მამა	mama
parents (m pl)	მშობლები	mshoblebi
enfant (m, f)	შვილი	shvili
enfants (pl)	შვილები	shvilebi
grand-mère (f)	ბებია	bebia
grand-père (m)	პაპა	p'ap'a
petit-fils (m)	შვილიშვილი	shvilishvili
petite-fille (f)	შვილიშვილი	shvilishvili
petits-enfants (pl)	შვილიშვილები	shvilishvilebi
oncle (m)	ბიძა	bidza
belle-mère (f)	სიდედრი	sidedri

beau-père (m)	მამამთილი	mamamtili
gendre (m)	სიძე	sidze
belle-mère (f)	დედინაცვალი	dedinatsvali
beau-père (m)	მამინაცვალი	maminatsvali

nourrisson (m)	ძუძუმწოვარა ბავშვი	dzudzumts'ovara bavshvi
bébé (m)	ჩვილი	chvili
petit (m)	ბიჭუნა	bich'una

femme (f)	ცოლი	tsoli
mari (m)	ქმარი	kmari
époux (m)	მეუღლე	meughle
épouse (f)	მეუღლე	meughle

marié (adj)	ცოლიანი	tsoliani
mariée (adj)	გათხოვილი	gatkhovili
célibataire (adj)	უცოლშვილო	utsolshvilo
célibataire (m)	უცოლშვილო	utsolshvilo
divorcé (adj)	განქორწინებული	gankorts'inebuli
veuve (f)	ქვრივი	kvrivi
veuf (m)	ქვრივი	kvrivi

parent (m)	ნათესავი	natesavi
parent (m) proche	ახლო ნათესავი	akhlo natesavi
parent (m) éloigné	შორეული ნათესავი	shoreuli natesavi
parents (m pl)	ნათესავები	natesavebi

orphelin (m), orpheline (f)	ობოლი	oboli
tuteur (m)	მეურვე	meurve
adopter (un garçon)	შვილად აყვანა	shvilad aqvana
adopter (une fille)	შვილად აყვანა	shvilad aqvana

60. Les amis. Les collègues

ami (m)	მეგობარი	megobari
amie (f)	მეგობარი	megobari
amitié (f)	მეგობრობა	megobroba
être ami	მეგობრობა	megobroba

copain (m)	ძმაკაცი	dzmak'atsi
copine (f)	დაქალი	dakali
partenaire (m)	პარტნიორი	p'art'niori

chef (m)	შეფი	shepi
supérieur (m)	უფროსი	uprosi
subordonné (m)	ხელქვეითი	khelkveiti
collègue (m, f)	კოლეგა	k'olega

| connaissance (f) | ნაცნობი | natsnobi |
| compagnon (m) de route | თანამგზავრი | tanamgzavri |

copain (m) de classe	თანაკლასელი	tanak'laseli
voisin (m)	მეზობელი	mezobeli
voisine (f)	მეზობელი	mezobeli
voisins (m pl)	მეზობლები	mezoblebi

T&P BOOKS

LE CORPS HUMAIN. LES MÉDICAMENTS

T&P Books Publishing

61. La tête

tête (f)	თავი	tavi
visage (m)	სახე	sakhe
nez (m)	ცხვირი	tskhviri
bouche (f)	პირი	p'iri
œil (m)	თვალი	tvali
les yeux	თვალები	tvalebi
pupille (f)	გუგა	guga
sourcil (m)	წარბი	ts'arbi
cil (m)	წამწამი	ts'amts'ami
paupière (f)	ქუთუთო	kututo
langue (f)	ენა	ena
dent (f)	კბილი	k'bili
lèvres (f pl)	ტუჩები	t'uchebi
pommettes (f pl)	ყვრიმალები	qvrimalebi
gencive (f)	ღრძილი	ghrdzili
palais (m)	სასა	sasa
narines (f pl)	ნესტოები	nest'oebi
menton (m)	ნიკაპი	nik'ap'i
mâchoire (f)	ყბა	qba
joue (f)	ლოყა	loqa
front (m)	შუბლი	shubli
tempe (f)	საფეთქელი	sapetkeli
oreille (f)	ყური	quri
nuque (f)	კეფა	k'epa
cou (m)	კისერი	k'iseri
gorge (f)	ყელი	qeli
cheveux (m pl)	თმები	tmebi
coiffure (f)	ვარცხნილობა	vartskhniloba
coupe (f)	შეკრეჭილი თმა	shek'rech'ili tma
perruque (f)	პარიკი	p'arik'i
moustache (f)	ულვაშები	ulvashebi
barbe (f)	წვერი	ts'veri
porter (~ la barbe)	ტარება	t'areba
tresse (f)	ნაწნავი	nats'navi
favoris (m pl)	ბაკენბარდები	bak'enbardebi
roux (adj)	წითური	ts'ituri
gris, grisonnant (adj)	ჭაღარა	ch'aghara

chauve (adj)	მელოტი	melot'i
calvitie (f)	მელოტი	melot'i

queue (f) de cheval	კუდი	k'udi
frange (f)	შუბლზე შეჭრილი თმა	shublze shech'rili tma

62. Le corps humain

main (f)	მტევანი	mt'evani
bras (m)	მკლავი	mk'lavi

doigt (m)	თითი	titi
pouce (m)	ცერა თითი	tsera titi

petit doigt (m)	ნეკი	nek'i
ongle (m)	ფრჩხილი	prchkhili

poing (m)	მუშტი	musht'i
paume (f)	ხელისგული	khelisguli
poignet (m)	მაჯა	maja
avant-bras (m)	წინამხარი	ts'inamkhari

coude (m)	იდაყვი	idaqvi
épaule (f)	მხარი	mkhari

jambe (f)	ფეხი	pekhi
pied (m)	ტერფი	t'erpi
genou (m)	მუხლი	mukhli
mollet (m)	წვივი	ts'vivi

hanche (f)	თეძო	tedzo
talon (m)	ქუსლი	kusli

corps (m)	ტანი	t'ani
ventre (m)	მუცელი	mutseli
poitrine (f)	მკერდი	mk'erdi
sein (m)	მკერდი	mk'erdi
côté (m)	გვერდი	gverdi
dos (m)	ზურგი	zurgi

reins (région lombaire)	წელი	ts'eli
taille (f) (~ de guêpe)	წელი	ts'eli

nombril (m)	ჭიპი	ch'ip'i
fesses (f pl)	დუნდულები	dundulebi
derrière (m)	საჯდომი	sajdomi

grain (m) de beauté	ხალი	khali
tatouage (m)	ტატუირება	t'at'uireba
cicatrice (f)	ნაიარევი	naiarevi

147

63. Les maladies

maladie (f)	ავადმყოფობა	avadmqopoba
être malade	ავადმყოფობა	avadmqopoba
santé (f)	ჯანმრთელობა	janmrteloba
rhume (m) (coryza)	სურდო	surdo
angine (f)	ანგინა	angina
refroidissement (m)	გაცივება	gatsiveba
prendre froid	გაცივება	gatsiveba
bronchite (f)	ბრონქიტი	bronkit'i
pneumonie (f)	ფილტვების ანთება	pilt'vebis anteba
grippe (f)	გრიპი	grip'i
myope (adj)	ახლომხედველი	akhlomkhedveli
presbyte (adj)	შორსმხედველი	shorsmkhedveli
strabisme (m)	სიელმე	sielme
strabique (adj)	ელამი	elami
cataracte (f)	კატარაქტა	k'at'arakt'a
glaucome (m)	გლაუკომა	glauk'oma
insulte (f)	ინსულტი	insult'i
crise (f) cardiaque	ინფარქტი	inparkt'i
infarctus (m) de myocarde	მიოკარდის ინფარქტი	miok'ardis inparkt'i
paralysie (f)	დამბლა	dambla
paralyser (vt)	დამბლის დაცემა	damblis datsema
allergie (f)	ალერგია	alergia
asthme (m)	ასთმა	astma
diabète (m)	დიაბეტი	diabet'i
mal (m) de dents	კბილის ტკივილი	k'bilis t'k'ivili
carie (f)	კარიესი	k'ariesi
diarrhée (f)	დიარეა	diarea
constipation (f)	კუჭში შეკრულობა	k'uch'shi shek'ruloba
estomac (m) barbouillé	კუჭის აშლილობა	k'uch'is ashliloba
intoxication (f) alimentaire	მოწამვლა	mots'amvla
être intoxiqué	მოწამვლა	mots'amvla
arthrite (f)	ართრიტი	artrit'i
rachitisme (m)	რაქიტი	rakit'i
rhumatisme (m)	რევმატიზმი	revmat'izmi
athérosclérose (f)	ათეროსკლეროზი	aterosk'lerozi
gastrite (f)	გასტრიტი	gast'rit'i
appendicite (f)	აპენდიციტი	ap'enditsit'i
cholécystite (f)	ქოლეცისტიტი	koletsist'it'i
ulcère (m)	წყლული	ts'qluli
rougeole (f)	წითელა	ts'itela

rubéole (f)	წითურა	ts'itura
jaunisse (f)	სიყვითლე	siqvitle
hépatite (f)	ჰეპატიტი	hep'at'it'i
schizophrénie (f)	შიზოფრენია	shizoprenia
rage (f) (hydrophobie)	ცოფი	tsopi
névrose (f)	ნევროზი	nevrozi
commotion (f) cérébrale	ტვინის შერყევა	t'vinis sherqeva
cancer (m)	კიბო	k'ibo
sclérose (f)	სკლეროზი	sk'lerozi
sclérose (f) en plaques	გაფანტული სკლეროზი	gapant'uli sk'lerozi
alcoolisme (m)	ალკოჰოლიზმი	alk'oholizmi
alcoolique (m)	ალკოჰოლიკი	alk'oholik'i
syphilis (f)	სიფილისი	sipilisi
SIDA (m)	შიდსი	shidsi
tumeur (f)	სიმსივნე	simsivne
fièvre (f)	ციება	tsieba
malaria (f)	მალარია	malaria
gangrène (f)	განგრენა	gangrena
mal (m) de mer	ზღვის ავადმყოფობა	zghvis avadmqopoba
épilepsie (f)	ეპილეფსია	ep'ilepsia
épidémie (f)	ეპიდემია	ep'idemia
typhus (m)	ტიფი	t'ipi
tuberculose (f)	ტუბერკულოზი	t'uberk'ulozi
choléra (m)	ქოლერა	kolera
peste (f)	შავი ჭირი	shavi ch'iri

64. Les symptômes. Le traitement. Partie 1

symptôme (m)	სიმპტომი	simp't'omi
température (f)	სიცხე	sitskhe
fièvre (f)	მაღალი სიცხე	maghali sitskhe
pouls (m)	პულსი	p'ulsi
vertige (m)	თავბრუსხვევა	tavbruskhveva
chaud (adj)	ცხელი	tskheli
frisson (m)	შეციება	shetsieba
pâle (adj)	ფერმიხდილი	permikhdili
toux (f)	ხველა	khvela
tousser (vi)	ხველება	khveleba
éternuer (vi)	ცხვირის ცემინება	tskhviris tsemineba
évanouissement (m)	გულის წასვლა	gulis ts'asvla
s'évanouir (vp)	გულის წასვლა	gulis ts'asvla
bleu (m)	ლები	lebi
bosse (f)	კოპი	k'op'i

se heurter (vp)	დაჯახება	dajakheba
meurtrissure (f)	დაჟეჟილობა	dazhezhiloba
se faire mal	დაჟეჟვა	dazhezhva

boiter (vi)	კოჭლობა	k'och'loba
foulure (f)	ღრძობა	ghrdzoba
se démettre (l'épaule, etc.)	ღრძობა	ghrdzoba
fracture (f)	მოტეხილობა	mot'ekhiloba
avoir une fracture	მოტეხა	mot'ekha

coupure (f)	ჭრილობა	ch'riloba
se couper (~ le doigt)	გაჭრა	gach'ra
hémorragie (f)	სისხლდენა	siskhldena

| brûlure (f) | დამწვრობა | damts'vroba |
| se brûler (vp) | დაწვა | dats'va |

se piquer (le doigt)	ჩხვლეტა	chkhvlet'a
se piquer (vp)	ჩხვლეტა	chkhvlet'a
blesser (vt)	დაზიანება	dazianeba
blessure (f)	დაზიანება	dazianeba
plaie (f) (blessure)	ჭრილობა	ch'riloba
trauma (m)	ტრავმა	t'ravma

délirer (vi)	ბოდვა	bodva
bégayer (vi)	ბორძიკით ლაპარაკი	bordzik'it lap'arak'i
insolation (f)	მზის დაკვრა	mzis dak'vra

65. Les symptômes. Le traitement. Partie 2

| douleur (f) | ტკივილი | t'k'ivili |
| écharde (f) | ხიწვი | khits'vi |

sueur (f)	ოფლი	opli
suer (vi)	გაოფლიანება	gaoplianeba
vomissement (m)	პირღებინება	p'irghebineba
spasmes (m pl)	კრუნჩხვები	k'runchkhvebi

enceinte (adj)	ორსული	orsuli
naître (vi)	დაბადება	dabadeba
accouchement (m)	მშობიარობა	mshobiaroba
accoucher (vi)	გაჩენა	gachena
avortement (m)	აბორტი	abort'i

respiration (f)	სუნთქვა	suntkva
inhalation (f)	შესუნთქვა	shesuntkva
expiration (f)	ამოსუნთქვა	amosuntkva
expirer (vi)	ამოსუნთქვა	amosuntkva
inspirer (vi)	შესუნთქვა	shesuntkva
invalide (m)	ინვალიდი	invalidi

| handicapé (m) | ხეიბარი | kheibari |
| drogué (m) | ნარკომანი | nark'omani |

sourd (adj)	ყრუ	qru
muet (adj)	მუნჯი	munji
sourd-muet (adj)	ყრუ-მუნჯი	qru-munji

fou (adj)	გიჟი	gizhi
fou (m)	გიჟი	gizhi
folle (f)	გიჟი	gizhi
devenir fou	ჭკუაზე შეშლა	ch'k'uaze sheshla

gène (m)	გენი	geni
immunité (f)	იმუნიტეტი	imunit'et'i
héréditaire (adj)	მემკვიდრეობითი	memk'vidreobiti
congénital (adj)	თანდაყოლილი	tandaqolili

virus (m)	ვირუსი	virusi
microbe (m)	მიკრობი	mik'robi
bactérie (f)	ბაქტერია	bakt'eria
infection (f)	ინფექცია	inpektsia

66. Les symptômes. Le traitement. Partie 3

| hôpital (m) | საავადმყოფო | saavadmqopo |
| patient (m) | პაციენტი | p'atsient'i |

diagnostic (m)	დიაგნოზი	diagnozi
cure (f) (faire une ~)	მკურნალობა	mk'urnaloba
se faire soigner	მკურნალობა	mk'urnaloba
traiter (un patient)	მკურნალობა	mk'urnaloba
soigner (un malade)	მოვლა	movla
soins (m pl)	მოვლა	movla

opération (f)	ოპერაცია	op'eratsia
panser (vt)	შეხვევა	shekhveva
pansement (m)	სახვევი	sakhvevi

vaccination (f)	აცრა	atsra
vacciner (vt)	აცრის გაკეთება	atsris gak'eteba
piqûre (f)	ნემსი	nemsi
faire une piqûre	ნემსის გაკეთება	nemsis gak'eteba

crise, attaque (f)	შეტევა	shet'eva
amputation (f)	ამპუტაცია	amp'ut'atsia
amputer (vt)	ამპუტირება	amp'ut'ireba
coma (m)	კომა	k'oma
être dans le coma	კომაში ყოფნა	k'omashi qopna
réanimation (f)	რეანიმაცია	reanimatsia
se rétablir (vp)	გამოჯანმრთელება	gamojanmrteleba

état (m) (de santé)	მდგომარეობა	mdgomareoba
conscience (f)	ცნობიერება	tsnobiereba
mémoire (f)	მეხსიერება	mekhsiereba

arracher (une dent)	ამოღება	amogheba
plombage (m)	ბჟენი	bzheni
plomber (vt)	დაბჟენა	dabzhena

| hypnose (f) | ჰიპნოზი | hip'nozi |
| hypnotiser (vt) | ჰიპნოტიზირება | hip'not'izireba |

67. Les médicaments. Les accessoires

médicament (m)	წამალი	ts'amali
remède (m)	საშუალება	sashualeba
prescrire (vt)	გამოწერა	gamots'era
ordonnance (f)	რეცეპტი	retsep't'i

comprimé (m)	აბი	abi
onguent (m)	მალამო	malamo
ampoule (f)	ამპულა	amp'ula
mixture (f)	მიქსტურა	mikst'ura
sirop (m)	სიროფი	siropi
pilule (f)	აბი	abi
poudre (f)	ფხვნილი	pkhvnili

bande (f)	ბინტი	bint'i
coton (m) (ouate)	ბამბა	bamba
iode (m)	იოდი	iodi

sparadrap (m)	ლეიკოპლასტირი	leik'op'last'iri
compte-gouttes (m)	პიპეტი	p'ip'et'i
thermomètre (m)	სიცხის საზომი	sitskhis sazomi
seringue (f)	შპრიცი	shp'ritsi

| fauteuil (m) roulant | ეტლი | et'li |
| béquilles (f pl) | ყავარჯნები | qavarjnebi |

anesthésique (m)	ტკივილგამაყუჩებელი	t'k'ivilgamaquchebeli
purgatif (m)	სასაქმებელი	sasakmebeli
alcool (m)	სპირტი	sp'irt'i
herbe (f) médicinale	ბალახი	balakhi
d'herbes (adj)	ბალახისა	balakhisa

T&P BOOKS

L'APPARTEMENT

T&P Books Publishing

68. L'appartement

appartement (m)	ბინა	bina
chambre (f)	ოთახი	otakhi
chambre (f) à coucher	საწოლი ოთახი	sats'oli otakhi
salle (f) à manger	სასადილო ოთახი	sasadilo otakhi
salon (m)	სასტუმრო ოთახი	sast'umro otakhi
bureau (m)	კაბინეტი	k'abinet'i
antichambre (f)	წინა ოთახი	ts'ina otakhi
salle (f) de bains	სააბაზანო ოთახი	saabazano otakhi
toilettes (f pl)	საპირფარეშო	sap'irparesho
plafond (m)	ჭერი	ch'eri
plancher (m)	იატაკი	iat'ak'i
coin (m)	კუთხე	k'utkhe

69. Les meubles. L'intérieur

meubles (m pl)	ავეჯი	aveji
table (f)	მაგიდა	magida
chaise (f)	სკამი	sk'ami
lit (m)	საწოლი	sats'oli
canapé (m)	დივანი	divani
fauteuil (m)	სავარძელი	savardzeli
bibliothèque (f) (meuble)	კარადა	k'arada
rayon (m)	თარო	taro
armoire (f)	კარადა	k'arada
patère (f)	საკიდი	sak'idi
portemanteau (m)	საკიდი	sak'idi
commode (f)	კომოდი	k'omodi
table (f) basse	ჟურნალების მაგიდა	zhurnalebis magida
miroir (m)	სარკე	sark'e
tapis (m)	ხალიჩა	khalicha
petit tapis (m)	პატარა ნოხი	p'at'ara nokhi
cheminée (f)	ბუხარი	bukhari
bougie (f)	სანთელი	santeli
chandelier (m)	შანდალი	shandali
rideaux (m pl)	ფარდები	pardebi

papier (m) peint	შპალერი	shp'aleri
jalousie (f)	ჟალუზი	zhaluzi
lampe (f) de table	მაგიდის ლამპა	magidis lamp'a
applique (f)	ლამპარი	lamp'ari
lampadaire (m)	ტორშერი	t'orsheri
lustre (m)	ჭაღი	ch'aghi
pied (m) (~ de la table)	ფეხი	pekhi
accoudoir (m)	საიდაყვე	saidaqve
dossier (m)	ზურგი	zurgi
tiroir (m)	უჯრა	ujra

70. La literie

linge (m) de lit	თეთრეული	tetreuli
oreiller (m)	ბალიში	balishi
taie (f) d'oreiller	ბალიშისპირი	balishisp'iri
couverture (f)	საბანი	sabani
drap (m)	ზეწარი	zets'ari
couvre-lit (m)	გადასაფარებელი	gadasaparebeli

71. La cuisine

cuisine (f)	სამზარეულო	samzareulo
gaz (m)	აირი	airi
cuisinière (f) à gaz	გაზქურა	gazkura
cuisinière (f) électrique	ელექტროქურა	elekt'rokura
four (m)	ფურნაკი	purnak'i
four (m) micro-ondes	მიკროტალღოვანი ღუმელი	mik'rot'alghovani ghumeli
réfrigérateur (m)	მაცივარი	matsivari
congélateur (m)	საყინულე	saqinule
lave-vaisselle (m)	ჭურჭლის სარეცხი მანქანა	ch'urch'lis saretskhi mankana
hachoir (m) à viande	ხორცსაკეპი	khortssak'ep'i
centrifugeuse (f)	წვენსაწური	ts'vensats'uri
grille-pain (m)	ტოსტერი	t'ost'eri
batteur (m)	მიქსერი	mikseri
machine (f) à café	ყავის სახარში	qavis sakharshi
cafetière (f)	ყავადანი	qavadani
moulin (m) à café	ყავის საფქვავი	qavis sapkvavi
bouilloire (f)	ჩაიდანი	chaidani
théière (f)	ჩაიდანი	chaidani

couvercle (m)	ხუფი	khupi
passoire (f) à thé	საწური	sats'uri
cuillère (f)	კოვზი	k'ovzi
petite cuillère (f)	ჩაის კოვზი	chais k'ovzi
cuillère (f) à soupe	სადილის კოვზი	sadilis k'ovzi
fourchette (f)	ჩანგალი	changali
couteau (m)	დანა	dana
vaisselle (f)	ჭურჭელი	ch'urch'eli
assiette (f)	თეფში	tepshi
soucoupe (f)	ლამბაქი	lambaki
verre (m) à shot	სირჩა	sircha
verre (m) (~ d'eau)	ჭიქა	ch'ika
tasse (f)	ფინჯანი	pinjani
sucrier (m)	საშაქრე	sashakre
salière (f)	სამარილე	samarile
poivrière (f)	საპილპილე	sap'ilp'ile
beurrier (m)	საკარაქე	sak'arake
casserole (f)	ქვაბი	kvabi
poêle (f)	ტაფა	t'apa
louche (f)	ჩამჩა	chamcha
passoire (f)	თუშფალანგი	tushpalangi
plateau (m)	ლანგარი	langari
bouteille (f)	ბოთლი	botli
bocal (m) (à conserves)	ქილა	kila
boîte (f) en fer-blanc	ქილა	kila
ouvre-bouteille (m)	გასახსნელი	gasakhsneli
ouvre-boîte (m)	გასახსნელი	gasakhsneli
tire-bouchon (m)	შტოპორი	sht'op'ori
filtre (m)	ფილტრი	pilt'ri
filtrer (vt)	ფილტვრა	pilt'vra
ordures (f pl)	ნაგავი	nagavi
poubelle (f)	სანაგვე ვედრო	sanagve vedro

72. La salle de bains

salle (f) de bains	სააბაზანო ოთახი	saabazano otakhi
eau (f)	წყალი	ts'qali
robinet (m)	ონკანი	onk'ani
eau (f) chaude	ცხელი წყალი	tskheli ts'qali
eau (f) froide	ცივი წყალი	tsivi ts'qali
dentifrice (m)	კბილის პასტა	k'bilis p'ast'a
se brosser les dents	კბილების წმენდა	k'bilebis ts'menda

se raser (vp)	პარსვა	p'arsva
mousse (f) à raser	საპარსი ქაფი	sap'arsi kapi
rasoir (m)	სამართებელი	samartebeli
laver (vt)	რეცხვა	retskhva
se laver (vp)	დაბანა	dabana
douche (f)	შხაპი	shkhap'i
prendre une douche	შხაპის მიღება	shkhap'is migheba
baignoire (f)	აბაზანა	abazana
cuvette (f)	უნიტაზი	unit'azi
lavabo (m)	ნიჟარა	nizhara
savon (m)	საპონი	sap'oni
porte-savon (m)	სასაპნე	sasap'ne
éponge (f)	ღრუბელი	ghrubeli
shampooing (m)	შამპუნი	shamp'uni
serviette (f)	პირსახოცი	p'irsakhotsi
peignoir (m) de bain	ხალათი	khalati
lessive (f) (faire la ~)	რეცხვა	retskhva
machine (f) à laver	სარეცხი მანქანა	saretskhi mankana
faire la lessive	თეთრეულის რეცვხა	tetreulis retsvkha
lessive (f) (poudre)	სარეცხი ფხვნილი	saretskhi pkhvnili

73. Les appareils électroménagers

téléviseur (m)	ტელევიზორი	t'elevizori
magnétophone (m)	მაგნიტოფონი	magnit'oponi
magnétoscope (m)	ვიდეომაგნიტოფონი	videomagnit'oponi
radio (f)	მიმღები	mimghebi
lecteur (m)	ფლეერი	pleeri
vidéoprojecteur (m)	ვიდეოპროექტორი	videop'roekt'ori
home cinéma (m)	სახლის კინოთეატრი	sakhlis k'inoteat'ri
lecteur DVD (m)	DVD-საკრავი	DVD-sak'ravi
amplificateur (m)	გამაძლიერებელი	gamadzlierebeli
console (f) de jeux	სათამაშო მისადგამი	satamasho misadgami
caméscope (m)	ვიდეოკამერა	videok'amera
appareil (m) photo	ფოტოაპარატი	pot'oap'arat'i
appareil (m) photo numérique	ციფრული ფოტოაპარატი	tsipruli pot'oap'arat'i
aspirateur (m)	მტვერსასრუტი	mt'versasrut'i
fer (m) à repasser	უთო	uto
planche (f) à repasser	საუთოებელი დაფა	sautoebeli dapa
téléphone (m)	ტელეფონი	t'eleponi
portable (m)	მობილური ტელეფონი	mobiluri t'eleponi

machine (f) à écrire	მანქანა	mankana
machine (f) à coudre	მანქანა	mankana
micro (m)	მიკროფონი	mik'roponi
écouteurs (m pl)	საყურისი	saqurisi
télécommande (f)	პულტი	p'ult'i
CD (m)	CD-დისკი	CD-disk'i
cassette (f)	კასეტი	k'aset'i
disque (m) (vinyle)	ფირფიტა	pirpit'a

LA TERRE. LE TEMPS

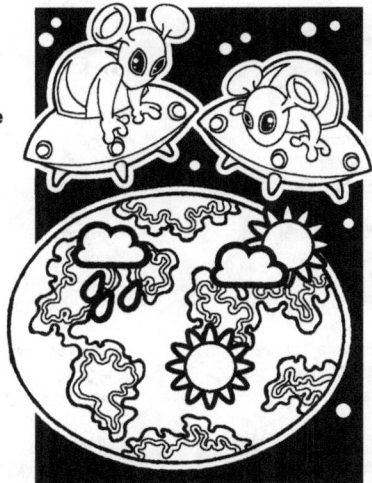

74. L'espace cosmique

cosmos (m)	კოსმოსი	k'osmosi
cosmique (adj)	კოსმოსური	k'osmosuri
espace (m) cosmique	კოსმოსური სივრცე	k'osmosuri sivrtse
monde (m)	მსოფლიო	msoplio
univers (m)	სამყარო	samqaro
galaxie (f)	გალაქტიკა	galakt'ik'a
étoile (f)	ვარსკვლავი	varsk'vlavi
constellation (f)	თანავარსკვლავედი	tanavarsk'vlavedi
planète (f)	პლანეტა	p'lanet'a
satellite (m)	თანამგზავრი	tanamgzavri
météorite (m)	მეტეორიტი	met'eorit'i
comète (f)	კომეტა	k'omet'a
astéroïde (m)	ასტეროიდი	ast'eroidi
orbite (f)	ორბიტა	orbit'a
tourner (vi)	ბრუნვა	brunva
atmosphère (f)	ატმოსფერო	at'mospero
Soleil (m)	მზე	mze
système (m) solaire	მზის სისტემა	mzis sist'ema
éclipse (f) de soleil	მზის დაბნელება	mzis dabneleba
Terre (f)	დედამიწა	dedamits'a
Lune (f)	მთვარე	mtvare
Mars (m)	მარსი	marsi
Vénus (f)	ვენერა	venera
Jupiter (m)	იუპიტერი	iup'it'eri
Saturne (m)	სატურნი	sat'urni
Mercure (m)	მერკური	merk'uri
Uranus (m)	ურანი	urani
Neptune	ნეპტუნი	nep't'uni
Pluton (m)	პლუტონი	p'lut'oni
la Voie Lactée	ირმის ნახტომი	irmis nakht'omi
la Grande Ours	დიდი დათვი	didi datvi
la Polaire	პოლარული ვარსკვლავი	p'olaruli varsk'vlavi
martien (m)	მარსიელი	marsieli
extraterrestre (m)	უცხოპლანეტელი	utskhop'lanet'eli

| alien (m) | სხვა სამყაროდან ჩამოსული | skhva samqarodan chamosuli |
| soucoupe (f) volante | მფრინავი თეფში | mprinavi tepshi |

vaisseau (m) spatial	კოსმოსური ხომალდი	k'osmosuri khomaldi
station (f) orbitale	ორბიტალური სადგური	orbit'aluri sadguri
lancement (m)	სტარტი	st'art'i

moteur (m)	ძრავა	dzrava
tuyère (f)	საქშენი	saksheni
carburant (m)	საწვავი	sats'vavi

cabine (f)	კაბინა	k'abina
antenne (f)	ანტენა	ant'ena
hublot (m)	ილუმინატორი	iluminat'ori
batterie (f) solaire	მზის ბატარეა	mzis bat'area
scaphandre (m)	სკაფანდრი	sk'apandri

| apesanteur (f) | უწონადობა | uts'onadoba |
| oxygène (m) | ჟანგბადი | zhangbadi |

| arrimage (m) | შეერთება | sheerteba |
| s'arrimer à … | შეერთების წარმოება | sheertebis ts'armoeba |

observatoire (m)	ობსერვატორია	observat'oria
télescope (m)	ტელესკოპი	t'elesk'op'i
observer (vt)	დაკვირვება	dak'virveba
explorer (un cosmos)	გამოკვლევა	gamok'vleva

75. La Terre

Terre (f)	დედამიწა	dedamits'a
globe (m) terrestre	დედამიწის სფერო	dedamits'is spero
planète (f)	პლანეტა	p'lanet'a

atmosphère (f)	ატმოსფერო	at'mospero
géographie (f)	გეოგრაფია	geograpia
nature (f)	ბუნება	buneba

globe (m) de table	გლობუსი	globusi
carte (f)	რუქა	ruka
atlas (m)	ატლასი	at'lasi

Europe (f)	ევროპა	evrop'a
Asie (f)	აზია	azia
Afrique (f)	აფრიკა	aprik'a
Australie (f)	ავსტრალია	avst'ralia

| Amérique (f) | ამერიკა | amerik'a |
| Amérique (f) du Nord | ჩრდილოეთ ამერიკა | chrdiloet amerik'a |

Amérique (f) du Sud	სამხრეთ ამერიკა	samkhret amerik'a
l'Antarctique (m)	ანტარქტიდა	ant'arkt'ida
l'Arctique (m)	არქტიკა	arkt'ik'a

76. Les quatre parties du monde

nord (m)	ჩრდილოეთი	chrdiloeti
vers le nord	ჩრდილოეთისკენ	chrdiloetisk'en
au nord	ჩრდილოეთში	chrdiloetshi
du nord (adj)	ჩრდილოეთის	chrdiloetis

sud (m)	სამხრეთი	samkhreti
vers le sud	სამხრეთისკენ	samkhretisk'en
au sud	სამხრეთში	samkhretshi
du sud (adj)	სამხრეთის	samkhretis

ouest (m)	დასავლეთი	dasavleti
vers l'occident	დასავლეთისკენ	dasavletisk'en
à l'occident	დასავლეთში	dasavletshi
occidental (adj)	დასავლეთის	dasavletis

est (m)	აღმოსავლეთი	aghmosavleti
vers l'orient	აღმოსავლეთისკენ	aghmosavletisk'en
à l'orient	აღმოსავლეთში	aghmosavletshi
oriental (adj)	აღმოსავლეთის	aghmosavletis

77. Les océans et les mers

mer (f)	ზღვა	zghva
océan (m)	ოკეანე	ok'eane
golfe (m)	ყურე	qure
détroit (m)	სრუტე	srut'e

continent (m)	მატერიკი	mat'erik'i
île (f)	კუნძული	k'undzuli
presqu'île (f)	ნახევარკუნძული	nakhevark'undzuli
archipel (m)	არქიპელაგი	arkip'elagi

baie (f)	ყურე	qure
port (m)	ნავსადგური	navsadguri
lagune (f)	ლაგუნა	laguna
cap (m)	კონცხი	k'ontskhi

atoll (m)	ატოლი	at'oli
récif (m)	რიფი	ripi
corail (m)	მარჯანი	marjani
récif (m) de corail	მარჯნის რიფი	marjnis ripi
profond (adj)	ღრმა	ghrma

profondeur (f)	სიღრმე	sighrme
abîme (m)	უფსკრული	upsk'ruli
fosse (f) océanique	ღრმული	ghrmuli
courant (m)	დინება	dineba
baigner (vt) (mer)	გაბანა	gabana
littoral (m)	ნაპირი	nap'iri
côte (f)	სანაპირო	sanap'iro
marée (f) haute	მოქცევა	moktseva
marée (f) basse	მიქცევა	miktseva
banc (m) de sable	მეჩეჩი	mechechi
fond (m)	ფსკერი	psk'eri
vague (f)	ტალღა	t'algha
crête (f) de la vague	ტალღის ქოჩორი	t'alghis kochori
mousse (f)	ქაფი	kapi
tempête (f) en mer	ქარიშხალი	karishkhali
ouragan (m)	გრიგალი	grigali
tsunami (m)	ცუნამი	tsunami
calme (m)	მყუდროება	mqudroeba
calme (tranquille)	წყნარი	ts'qnari
pôle (m)	პოლუსი	p'olusi
polaire (adj)	პოლარული	p'olaruli
latitude (f)	განედი	ganedi
longitude (f)	გრძედი	grdzedi
parallèle (f)	პარალელი	p'araleli
équateur (m)	ეკვატორი	ek'vat'ori
ciel (m)	ცა	tsa
horizon (m)	ჰორიზონტი	horizont'i
air (m)	ჰაერი	haeri
phare (m)	შუქურა	shukura
plonger (vi)	ყვინთვა	qvintva
sombrer (vi)	ჩაძირვა	chadzirva
trésor (m)	განძი	gandzi

78. Les noms des mers et des océans

océan (m) Atlantique	ატლანტის ოკეანე	at'lant'is ok'eane
océan (m) Indien	ინდოეთის ოკეანე	indoetis ok'eane
océan (m) Pacifique	წყნარი ოკეანე	ts'qnari ok'eane
océan (m) Glacial	ჩრდილოეთის ყინულოვანი ოკეანე	chrdiloetis qinulovani ok'eane
mer (f) Noire	შავი ზღვა	shavi zghva

mer (f) Rouge	წითელი ზღვა	ts'iteli zghva
mer (f) Jaune	ყვითელი ზღვა	qviteli zghva
mer (f) Blanche	თეთრი ზღვა	tetri zghva
mer (f) Caspienne	კასპიის ზღვა	k'asp'iis zghva
mer (f) Morte	მკვდარი ზღვა	mk'vdari zghva
mer (f) Méditerranée	ხმელთაშუა ზღვა	khmeltashua zghva
mer (f) Égée	ეგეოსის ზღვა	egeosis zghva
mer (f) Adriatique	ადრიატიკის ზღვა	adriat'ik'is zghva
mer (f) Arabique	არავიის ზღვა	araviis zghva
mer (f) du Japon	იაპონიის ზღვა	iap'oniis zghva
mer (f) de Béring	ბერინგის ზღვა	beringis zghva
mer (f) de Chine Méridionale	სამხრეთ-ჩინეთის ზღვა	samkhret-chinetis zghva
mer (f) de Corail	მარჯნის ზღვა	marjnis zghva
mer (f) de Tasman	ტასმანიის ზღვა	t'asmaniis zghva
mer (f) Caraïbe	კარიბის ზღვა	k'aribis zghva
mer (f) de Barents	ბარენცის ზღვა	barentsis zghva
mer (f) de Kara	კარსის ზღვა	k'arsis zghva
mer (f) du Nord	ჩრდილოეთის ზღვა	chrdiloetis zghva
mer (f) Baltique	ბალტიის ზღვა	balt'iis zghva
mer (f) de Norvège	ნორვეგიის ზღვა	norvegiis zghva

79. Les montagnes

montagne (f)	მთა	mta
chaîne (f) de montagnes	მთების ჯაჭვი	mtebis jach'vi
crête (f)	მთის ქედი	mtis kedi
sommet (m)	მწვერვალი	mts'vervali
pic (m)	პიკი	p'ik'i
pied (m)	მთის ძირი	mtis dziri
pente (f)	ფერდობი	perdobi
volcan (m)	ვულკანი	vulk'ani
volcan (m) actif	მოქმედი ვულკანი	mokmedi vulk'ani
volcan (m) éteint	ჩამქრალი ვულკანი	chamkrali vulk'ani
éruption (f)	ამოფრქვევა	amoprkveva
cratère (m)	კრატერი	k'rat'eri
magma (m)	მაგმა	magma
lave (f)	ლავა	lava
en fusion (lave ~)	გავარვარებული	gavarvarebuli
canyon (m)	კანიონი	k'anioni
défilé (m) (gorge)	ხეობა	kheoba

crevasse (f)	ნაპრალი	nap'rali
col (m) de montagne	უღელტეხილი	ughelt'ekhili
plateau (m)	პლატო	p'lat'o
rocher (m)	კლდე	k'lde
colline (f)	ბორცვი	bortsvi

glacier (m)	მყინვარი	mqinvari
chute (f) d'eau	ჩანჩქერი	chanchkeri
geyser (m)	გეიზერი	geizeri
lac (m)	ტბა	t'ba

plaine (f)	ვაკე	vak'e
paysage (m)	პეიზაჟი	p'eizazhi
écho (m)	ექო	eko

alpiniste (m)	ალპინისტი	alp'inist'i
varappeur (m)	მთასვლელი	mtasvleli
conquérir (vt)	დაპყრობა	dap'qroba
ascension (f)	ასვლა	asvla

80. Les noms des chaînes de montagne

Alpes (f pl)	ალპები	alp'ebi
Mont Blanc (m)	მონბლანი	monblani
Pyrénées (f pl)	პირენეები	p'ireneebi

Carpates (f pl)	კარპატები	k'arp'at'ebi
Monts Oural (m pl)	ურალის მთები	uralis mtebi
Caucase (m)	კავკასია	k'avk'asia
Elbrous (m)	იალბუზი	ialbuzi

Altaï (m)	ალტაი	alt'ai
Tian Chan (m)	ტიან-შანი	t'ian-shani
Pamir (m)	პამირი	p'amiri
Himalaya (m)	ჰიმალაი	himalai
Everest (m)	ევერესტი	everest'i

Andes (f pl)	ანდები	andebi
Kilimandjaro (m)	კილიმანჯარო	k'ilimanjaro

81. Les fleuves

rivière (f), fleuve (m)	მდინარე	mdinare
source (f)	წყარო	ts'qaro
lit (m) (d'une rivière)	კალაპოტი	k'alap'ot'i
bassin (m)	აუზი	auzi
se jeter dans …	ჩადინება	chadineba
affluent (m)	შენაკადი	shenak'adi

rive (f)	ნაპირი	nap'iri
courant (m)	დინება	dineba
en aval	დინების ქვემოთ	dinebis kvemot
en amont	დინების ზემოთ	dinebis zemot

inondation (f)	წყალდიდობა	ts'qaldidoba
les grandes crues	წყალდიდობა	ts'qaldidoba
déborder (vt)	გადმოსვლა	gadmosvla
inonder (vt)	დატბორვა	dat'borva

| bas-fond (m) | თავთხელი | tavtkheli |
| rapide (m) | ზღურბლი | zghurbli |

barrage (m)	კაშხალი	k'ashkhali
canal (m)	არხი	arkhi
lac (m) de barrage	წყალსაცავი	ts'qalsatsavi
écluse (f)	რაბი	rabi

plan (m) d'eau	წყალსატევი	ts'qalsat'evi
marais (m)	ჭაობი	ch'aobi
fondrière (f)	ჭანჭრობი	ch'anch'robi
tourbillon (m)	მორევი	morevi

ruisseau (m)	ნაკადული	nak'aduli
potable (adj)	სასმელი	sasmeli
douce (l'eau ~)	მტკნარი	mt'k'nari

| glace (f) | ყინული | qinuli |
| être gelé | გაყინვა | gaqinva |

82. Les noms des fleuves

| Seine (f) | სენა | sena |
| Loire (f) | ლუარა | luara |

Tamise (f)	ტემზა	t'emza
Rhin (m)	რეინი	reini
Danube (m)	დუნაი	dunai

Volga (f)	ვოლგა	volga
Don (m)	დონი	doni
Lena (f)	ლენა	lena

Huang He (m)	ხუანხე	khuankhe
Yangzi Jiang (m)	იანძი	iandzi
Mékong (m)	მეკონგი	mek'ongi
Gange (m)	განგი	gangi

| Nil (m) | ნილოსი | nilosi |
| Congo (m) | კონგო | k'ongo |

Okavango (m)	ოკავანგო	ok'avango
Zambèze (m)	ზამბეზი	zambezi
Limpopo (m)	ლიმპოპო	limp'op'o
Mississippi (m)	მისისიპი	misisip'i

83. La forêt

| forêt (f) | ტყე | t'qe |
| forestier (adj) | ტყის | t'qis |

fourré (m)	ტევრი	t'evri
bosquet (m)	ჭალა	ch'ala
clairière (f)	მინდორი	mindori

| broussailles (f pl) | ბარდები | bardebi |
| taillis (m) | ბუჩქნარი | buchknari |

| sentier (m) | ბილიკი | bilik'i |
| ravin (m) | ხევი | khevi |

arbre (m)	ხე	khe
feuille (f)	ფოთოლი	potoli
feuillage (m)	ფოთლეული	potleuli

chute (f) de feuilles	ფოთოლცვენა	potoltsvena
tomber (feuilles)	ცვენა	tsvena
sommet (m)	კენწერო	k'ents'ero

rameau (m)	ტოტი	t'ot'i
branche (f)	ნუჟრი	nuzhri
bourgeon (m)	კვირტი	k'virt'i
aiguille (f)	წიწვი	ts'its'vi
pomme (f) de pin	გირჩი	girchi

creux (m)	ფუღურო	pughuro
nid (m)	ბუდე	bude
terrier (m) (~ d'un renard)	სორო	soro

tronc (m)	ტანი	t'ani
racine (f)	ფესვი	pesvi
écorce (f)	ქერქი	kerki
mousse (f)	ხავსი	khavsi

déraciner (vt)	ამოძირკვა	amodzirk'va
abattre (un arbre)	მოჭრა	moch'ra
déboiser (vt)	გაჩეხვა	gachekhva
souche (f)	კუნძი	k'undzi

| feu (m) de bois | კოცონი | k'otsoni |
| incendie (m) | ხანძარი | khandzari |

éteindre (feu)	ჩაქრობა	chakroba
garde (m) forestier	მეტყევე	met'qeve
protection (f)	დაცვა	datsva
protéger (vt)	დაცვა	datsva
braconnier (m)	ბრაკონიერი	brak'onieri
piège (m) à mâchoires	ხაფანგი	khapangi

| cueillir (vt) | კრეფა | k'repa |
| s'égarer (vp) | გზის დაბნევა | gzis dabneva |

84. Les ressources naturelles

ressources (f pl) naturelles	ბუნებრივი რესურსები	bunebrivi resursebi
minéraux (m pl)	სასარგებლო წიაღისეული	sasargeblo ts'iaghiseuli
gisement (m)	საბადო	sabado
champ (m) (~ pétrolifère)	საბადო	sabado

extraire (vt)	მოპოვება	mop'oveba
extraction (f)	მოპოვება	mop'oveba
minerai (m)	მადანი	madani
mine (f) (site)	მადნეული	madneuli
puits (m) de mine	შახტი	shakht'i
mineur (m)	მეშახტე	meshakht'e

| gaz (m) | გაზი | gazi |
| gazoduc (m) | გაზსადენი | gazsadeni |

pétrole (m)	ნავთობი	navtobi
pipeline (m)	ნავთობსადენი	navtobsadeni
tour (f) de forage	ნავთობის კოშკურა	navtobis k'oshk'ura
derrick (m)	საბურღი კოშკურა	saburghi k'oshk'ura
pétrolier (m)	ტანკერი	t'ank'eri

sable (m)	ქვიშა	kvisha
calcaire (m)	კირქვა	k'irkva
gravier (m)	ხრეში	khreshi
tourbe (f)	ტორფი	t'orpi
argile (f)	თიხა	tikha
charbon (m)	ქვანახშირი	kvanakhshiri

fer (m)	რკინა	rk'ina
or (m)	ოქრო	okro
argent (m)	ვერცხლი	vertskhli
nickel (m)	ნიკელი	nik'eli
cuivre (m)	სპილენძი	sp'ilendzi

zinc (m)	თუთია	tutia
manganèse (m)	მარგანეცი	marganetsi
mercure (m)	ვერცხლისწყალი	vertskhlists'qali
plomb (m)	ტყვია	t'qvia

minéral (m)	მინერალი	minerali
cristal (m)	კრისტალი	k'rist'ali
marbre (m)	მარმარილო	marmarilo
uranium (m)	ურანი	urani

85. Le temps

temps (m)	ამინდი	amindi
météo (f)	ამინდის პროგნოზი	amindis p'rognozi
température (f)	ტემპერატურა	t'emp'erat'ura
thermomètre (m)	თერმომეტრი	termomet'ri
baromètre (m)	ბარომეტრი	baromet'ri
humidité (f)	ტენიანობა	t'enianoba
chaleur (f) (canicule)	სიცხე	sitskhe
torride (adj)	ცხელი	tskheli
il fait très chaud	ცხელი	tskheli
il fait chaud	თბილა	tbila
chaud (modérément)	თბილი	tbili
il fait froid	სიცივე	sitsive
froid (adj)	ცივი	tsivi
soleil (m)	მზე	mze
briller (soleil)	ანათებს	anatebs
ensoleillé (jour ~)	მზიანი	mziani
se lever (vp)	ამოსვლა	amosvla
se coucher (vp)	ჩასვლა	chasvla
nuage (m)	ღრუბელი	ghrubeli
nuageux (adj)	ღრუბლიანი	ghrubliani
nuée (f)	ღრუბელი	ghrubeli
sombre (adj)	მოღრუბლული	moghrubluli
pluie (f)	წვიმა	ts'vima
il pleut	წვიმა მოდის	ts'vima modis
pluvieux (adj)	წვიმიანი	ts'vimiani
bruiner (v imp)	ჟინჟღვლა	zhinzhghvla
pluie (f) torrentielle	კოკისპირული	k'ok'isp'iruli
averse (f)	თავსხმა	tavskhma
forte (la pluie ~)	ძლიერი	dzlieri
flaque (f)	გუბე	gube
se faire mouiller	დასველება	dasveleba
brouillard (m)	ნისლი	nisli
brumeux (adj)	ნისლიანი	nisliani
neige (f)	თოვლი	tovli
il neige	თოვლი მოდის	tovli modis

86. Les intempéries. Les catastrophes naturelles

orage (m)	ჭექა	ch'eka
éclair (m)	მეხი	mekhi
éclater (foudre)	ელვარება	elvareba
tonnerre (m)	ქუხილი	kukhili
gronder (tonnerre)	ქუხილი	kukhili
le tonnerre gronde	ქუხს	kukhs
grêle (f)	სეტყვა	set'qva
il grêle	სეტყვა მოდის	set'qva modis
inonder (vt)	წალეკვა	ts'alek'va
inondation (f)	წყალდიდობა	ts'qaldidoba
tremblement (m) de terre	მიწისძვრა	mits'isdzvra
secousse (f)	ბიძგი	bidzgi
épicentre (m)	ეპიცენტრი	ep'itsent'ri
éruption (f)	ამოფრქვევა	amoprkveva
lave (f)	ლავა	lava
tourbillon (m)	გრიგალი	grigali
tornade (f)	ტორნადო	t'ornado
typhon (m)	ტაიფუნი	t'aipuni
ouragan (m)	გრიგალი	grigali
tempête (f)	ქარიშხალი	karishkhali
tsunami (m)	ცუნამი	tsunami
cyclone (m)	ციკლონი	tsik'loni
intempéries (f pl)	უამინდობა	uamindoba
incendie (m)	ხანძარი	khandzari
catastrophe (f)	კატასტროფა	k'at'ast'ropa
météorite (m)	მეტეორიტი	met'eorit'i
avalanche (f)	ზვავი	zvavi
éboulement (m)	ჩამოქცევა	chamoktseva
blizzard (m)	ქარბუქი	karbuki
tempête (f) de neige	ბუქი	buki

T&P BOOKS

LA FAUNE

T&P Books Publishing

87. Les mammifères. Les prédateurs

prédateur (m)	მტაცებელი	mt'atsebeli
tigre (m)	ვეფხვი	vepkhvi
lion (m)	ლომი	lomi
loup (m)	მგელი	mgeli
renard (m)	მელა	mela
jaguar (m)	იაგუარი	iaguari
léopard (m)	ლეოპარდი	leop'ardi
guépard (m)	გეპარდი	gep'ardi
panthère (f)	ავაზა	avaza
puma (m)	პუმა	p'uma
léopard (m) de neiges	თოვლის ჯიქი	tovlis jiki
lynx (m)	ფოცხვერი	potskhveri
coyote (m)	კოიოტი	k'oiot'i
chacal (m)	ტურა	t'ura
hyène (f)	გიენა	giena

88. Les animaux sauvages

animal (m)	ცხოველი	tskhoveli
bête (f)	მხეცი	mkhetsi
écureuil (m)	ციყვი	tsiqvi
hérisson (m)	ზღარბი	zgharbi
lièvre (m)	კურდღელი	k'urdgheli
lapin (m)	ბოცვერი	botsveri
blaireau (m)	მაჩვი	machvi
raton (m)	ენოტი	enot'i
hamster (m)	ზაზუნა	zazuna
marmotte (f)	ზაზუნა	zazuna
taupe (f)	თხუნელა	tkhunela
souris (f)	თაგვი	tagvi
rat (m)	ვირთხა	virtkha
chauve-souris (f)	ღამურა	ghamura
hermine (f)	ყარყუმი	qarqumi
zibeline (f)	სიასამური	siasamuri
martre (f)	კვერნა	k'verna

| belette (f) | სინდიოფალა | sindiopala |
| vison (m) | წაულა | ts'aula |

| castor (m) | თახვი | takhvi |
| loutre (f) | წავი | ts'avi |

cheval (m)	ცხენი	tskheni
élan (m)	ცხენ-ირემი	tskhen-iremi
cerf (m)	ირემი	iremi
chameau (m)	აქლემი	aklemi

bison (m)	ბიზონი	bizoni
aurochs (m)	დომბა	domba
buffle (m)	კამეჩი	k'amechi

zèbre (m)	ზებრა	zebra
antilope (f)	ანტილოპა	ant'ilop'a
chevreuil (m)	შველი	shveli
biche (f)	ფურ-ირემი	pur-iremi
chamois (m)	ქურციკი	kurtsik'i
sanglier (m)	ტახი	t'akhi

baleine (f)	ვეშაპი	veshap'i
phoque (m)	სელაპი	selap'i
morse (m)	ლომვეშაპი	lomveshap'i
ours (m) de mer	ზღვის კატა	zghvis k'at'a
dauphin (m)	დელფინი	delpini

ours (m)	დათვი	datvi
ours (m) blanc	თეთრი დათვი	tetri datvi
panda (m)	პანდა	p'anda

singe (m)	მაიმუნი	maimuni
chimpanzé (m)	შიმპანზე	shimp'anze
orang-outang (m)	ორანგუტანი	orangut'ani
gorille (m)	გორილა	gorila
macaque (m)	მაკაკა	mak'ak'a
gibbon (m)	გიბონი	giboni

| éléphant (m) | სპილო | sp'ilo |
| rhinocéros (m) | მარტორქა | mart'orka |

| girafe (f) | ჟირაფი | zhirapi |
| hippopotame (m) | ბეჰემოთი | behemoti |

| kangourou (m) | კენგურუ | k'enguru |
| koala (m) | კოალა | k'oala |

mangouste (f)	მანგუსტი	mangust'i
chinchilla (m)	შინშილა	shinshila
mouffette (f)	თრითინა	tritina
porc-épic (m)	მაჩვზღარბა	machvzgharba

89. Les animaux domestiques

chat (m) (femelle)	კატა	k'at'a
chat (m) (mâle)	ხვადი კატა	khvadi k'at'a
cheval (m)	ცხენი	tskheni
étalon (m)	ულაყი	ulaqi
jument (f)	ფაშატი	pashat'i
vache (f)	ძროხა	dzrokha
taureau (m)	ხარი	khari
bœuf (m)	ხარი	khari
brebis (f)	დედალი ცხვარი	dedali tskhvari
mouton (m)	ცხვარი	tskhvari
chèvre (f)	თხა	tkha
bouc (m)	ვაცი	vatsi
âne (m)	ვირი	viri
mulet (m)	ჯორი	jori
cochon (m)	ღორი	ghori
pourceau (m)	გოჭი	goch'i
lapin (m)	ბოცვერი	botsveri
poule (f)	ქათამი	katami
coq (m)	მამალი	mamali
canard (m)	იხვი	ikhvi
canard (m) mâle	მამალი იხვი	mamali ikhvi
oie (f)	ბატი	bat'i
dindon (m)	ინდაური	indauri
dinde (f)	დედალი ინდაური	dedali indauri
animaux (m pl) domestiques	შინაური ცხოველები	shinauri tskhovelebi
apprivoisé (adj)	მოშინაურებული	moshinaurebuli
apprivoiser (vt)	მოშინაურება	moshinaureba
élever (vt)	გამოზრდა	gamozrda
ferme (f)	ფერმა	perma
volaille (f)	შინაური ფრინველი	shinauri prinveli
bétail (m)	საქონელი	sakoneli
troupeau (m)	ჯოგი	jogi
écurie (f)	თავლა	tavla
porcherie (f)	საღორე	saghore
vacherie (f)	ბოსელი	boseli
cabane (f) à lapins	საკურდღლე	sak'urdghle
poulailler (m)	საქათმე	sakatme

90. Les oiseaux

oiseau (m)	ფრინველი	prinveli
pigeon (m)	მტრედი	mt'redi
moineau (m)	ბეღურა	beghura
mésange (f)	წიწკანა	ts'its'k'ana
pie (f)	კაჭკაჭი	k'ach'k'ach'i
corbeau (m)	ყვავი	qvavi
corneille (f)	ყვავი	qvavi
choucas (m)	ჭკა	ch'k'a
freux (m)	ჭილყვავი	ch'ilqvavi
canard (m)	იხვი	ikhvi
oie (f)	ბატი	bat'i
faisan (m)	ხოხობი	khokhobi
aigle (m)	არწივი	arts'ivi
épervier (m)	ქორი	kori
faucon (m)	შევარდენი	shevardeni
vautour (m)	ორბი	orbi
condor (m)	კონდორი	k'ondori
cygne (m)	გედი	gedi
grue (f)	წერო	ts'ero
cigogne (f)	ყარყატი	qarqat'i
perroquet (m)	თუთიყუში	tutiqushi
colibri (m)	კოლიბრი	k'olibri
paon (m)	ფარშევანგი	parshevangi
autruche (f)	სირაქლემა	siraklema
héron (m)	ყანჩა	qancha
flamant (m)	ფლამინგო	plamingo
pélican (m)	ვარხვი	varkhvi
rossignol (m)	ბულბული	bulbuli
hirondelle (f)	მერცხალი	mertskhali
merle (m)	შაშვი	shashvi
grive (f)	შაშვი მგალობელი	shashvi mgalobeli
merle (m) noir	შავი შაშვი	shavi shashvi
martinet (m)	ნამგალა	namgala
alouette (f) des champs	ტოროლა	t'orola
caille (f)	მწყერი	mts'qeri
pivert (m)	კოდალა	k'odala
coucou (m)	გუგული	guguli
chouette (f)	ბუ	bu
hibou (m)	ჭოტი	ch'ot'i

tétras (m)	ყრუანჩელა	qruanchela
tétras-lyre (m)	როჭო	roch'o
perdrix (f)	კაკაბი	k'ak'abi
étourneau (m)	შოშია	shoshia
canari (m)	იადონი	iadoni
gélinotte (f) des bois	გნოლქათამა	gnolkatama
pinson (m)	სკვინჩა	sk'vincha
bouvreuil (m)	სტვენია	st'venia
mouette (f)	თოლია	tolia
albatros (m)	ალბატროსი	albat'rosi
pingouin (m)	პინგვინი	p'ingvini

91. Les poissons. Les animaux marins

brème (f)	კაპარჭინა	k'ap'arch'ina
carpe (f)	კობრი	k'obri
perche (f)	ქორჭილა	korch'ila
silure (m)	ლოქო	loko
brochet (m)	ქარიყლაპია	kariqlap'ia
saumon (m)	ორაგული	oraguli
esturgeon (m)	თართი	tarti
hareng (m)	ქაშაყი	kashaqi
saumon (m) atlantique	გოჯი	goji
maquereau (m)	სკუმბრია	sk'umbria
flet (m)	კამბალა	k'ambala
sandre (f)	ფარგა	parga
morue (f)	ვირთევზა	virtevza
thon (m)	თინუსი	tinusi
truite (f)	კალმახი	k'almakhi
anguille (f)	გველთევზა	gveltevza
torpille (f)	ელექტრული სკაროსი	elekt'ruli sk'arosi
murène (f)	მურენა	murena
piranha (m)	პირანია	p'irania
requin (m)	ზვიგენი	zvigeni
dauphin (m)	დელფინი	delpini
baleine (f)	ვეშაპი	veshap'i
crabe (m)	კიბორჩხალა	k'iborchkhala
méduse (f)	მედუზა	meduza
pieuvre (f), poulpe (m)	რვაფეხა	rvapekha
étoile (f) de mer	ზღვის ვარსკვლავი	zghvis varsk'vlavi
oursin (m)	ზღვის ზღარბი	zghvis zgharbi

hippocampe (m)	ცხენთევზა	tskhentevza
huître (f)	ხამანწკა	khamants'k'a
crevette (f)	კრევეტი	k'revet'i
homard (m)	ასთაკვი	astak'vi
langoustine (f)	ლანგუსტი	langust'i

92. Les amphibiens. Les reptiles

serpent (m)	გველი	gveli
venimeux (adj)	შხამიანი	shkhamiani
vipère (f)	გველგესლა	gvelgesla
cobra (m)	კობრა	k'obra
python (m)	პითონი	p'itoni
boa (m)	მახრჩობელა გველი	makhrchobela gveli
couleuvre (f)	ანკარა	ank'ara
serpent (m) à sonnettes	ჩხრიალა გველი	chkhriala gveli
anaconda (m)	ანაკონდა	anak'onda
lézard (m)	ხვლიკი	khvlik'i
iguane (m)	იგუანა	iguana
varan (m)	ვარანი	varani
salamandre (f)	სალამანდრა	salamandra
caméléon (m)	ქამელეონი	kameleoni
scorpion (m)	მორიელი	morieli
tortue (f)	კუ	k'u
grenouille (f)	ბაყაყი	baqaqi
crapaud (m)	გომბეშო	gombesho
crocodile (m)	ნიანგი	niangi

93. Les insectes

insecte (m)	მწერი	mts'eri
papillon (m)	პეპელა	p'ep'ela
fourmi (f)	ჭიანჭველა	ch'ianch'vela
mouche (f)	ბუზი	buzi
moustique (m)	კოღო	k'ogho
scarabée (m)	ხოჭო	khoch'o
guêpe (f)	ბზიკი	bzik'i
abeille (f)	ფუტკარი	put'k'ari
bourdon (m)	კელა	k'ela
œstre (m)	კრაზანა	k'razana
araignée (f)	ობობა	oboba
toile (f) d'araignée	აბლაბუდა	ablabuda

libellule (f)	ჭრიჭინა	ch'rich'ina
sauterelle (f)	კალია	k'alia
papillon (m)	ფარვანა	parvana
cafard (m)	აბანოს ჭია	abanos ch'ia
tique (f)	ტკიპა	t'k'ip'a
puce (f)	რწყილი	rts'qili
moucheron (m)	ქინქლა	kinkla
criquet (m)	კალია	k'alia
escargot (m)	ლოკოკინა	lok'ok'ina
grillon (m)	ჭრიჭინა	ch'rich'ina
luciole (f)	ციცინათელა	tsitsinatela
coccinelle (f)	ჭია მაია	ch'ia maia
hanneton (m)	მაისის ხოჭო	maisis khoch'o
sangsue (f)	წურბელა	ts'urbela
chenille (f)	მუხლუხი	mukhlukhi
ver (m)	ჭია	ch'ia
larve (f)	მატლი	mat'li

LA FLORE

T&P Books Publishing

94. Les arbres

arbre (m)	ხე	khe
à feuilles caduques	ფოთლოვანი	potlovani
conifère (adj)	წიწვოვანი	ts'its'vovani
à feuilles persistantes	მარადმწვანე	maradmts'vane
pommier (m)	ვაშლის ხე	vashlis khe
poirier (m)	მსხალი	mskhali
merisier (m)	ბალი	bali
cerisier (m)	ალუბალი	alubali
prunier (m)	ქლიავი	kliavi
bouleau (m)	არყის ხე	arqis khe
chêne (m)	მუხა	mukha
tilleul (m)	ცაცხვი	tsatskhvi
tremble (m)	ვერხვი	verkhvi
érable (m)	ნეკერჩხალი	nek'erchkhali
épicéa (m)	ნაძვის ხე	nadzvis khe
pin (m)	ფიჭვი	pich'vi
mélèze (m)	ლარიქსი	lariksi
sapin (m)	სოჭი	soch'i
cèdre (m)	კედარი	k'edari
peuplier (m)	ალვის ხე	alvis khe
sorbier (m)	ცირცელი	tsirtseli
saule (m)	ტირიფი	t'iripi
aune (m)	მურყანი	murqani
hêtre (m)	წიფელი	ts'ipeli
orme (m)	თელა	tela
frêne (m)	იფანი	ipani
marronnier (m)	წაბლი	ts'abli
magnolia (m)	მაგნოლია	magnolia
palmier (m)	პალმა	p'alma
cyprès (m)	კვიპაროსი	k'vip'arosi
palétuvier (m)	მანგოს ხე	mangos khe
baobab (m)	ბაობაბი	baobabi
eucalyptus (m)	ევკალიპტი	evk'alip't'i
séquoia (m)	სექვოია	sekvoia

95. Les arbustes

buisson (m)	ბუჩქი	buchki
arbrisseau (m)	ბუჩქნარი	buchknari
vigne (f)	ყურძენი	qurdzeni
vigne (f) (vignoble)	ვენახი	venakhi
framboise (f)	ჟოლო	zholo
groseille (f) rouge	წითელი მოცხარი	ts'iteli motskhari
groseille (f) verte	ხურტკმელი	khurt'k'meli
acacia (m)	აკაცია	ak'atsia
berbéris (m)	კოწახური	k'ots'akhuri
jasmin (m)	ჟასმინი	zhasmini
genévrier (m)	ღვია	ghvia
rosier (m)	ვარდის ბუჩქი	vardis buchki
églantier (m)	ასკილი	ask'ili

96. Les fruits. Les baies

pomme (f)	ვაშლი	vashli
poire (f)	მსხალი	mskhali
prune (f)	ქლიავი	kliavi
fraise (f)	მარწყვი	marts'qvi
cerise (f)	ალუბალი	alubali
merise (f)	ბალი	bali
raisin (m)	ყურძენი	qurdzeni
framboise (f)	ჟოლო	zholo
cassis (m)	შავი მოცხარი	shavi motskhari
groseille (f) rouge	წითელი მოცხარი	ts'iteli motskhari
groseille (f) verte	ხურტკმელი	khurt'k'meli
canneberge (f)	შტოში	sht'oshi
orange (f)	ფორთოხალი	portokhali
mandarine (f)	მანდარინი	mandarini
ananas (m)	ანანასი	ananasi
banane (f)	ბანანი	banani
datte (f)	ფინიკი	pinik'i
citron (m)	ლიმონი	limoni
abricot (m)	გარგარი	gargari
pêche (f)	ატამი	at'ami
kiwi (m)	კივი	k'ivi
pamplemousse (m)	გრეიფრუტი	greiprut'i
baie (f)	კენკრა	k'enk'ra

baies (f pl)	კენკრა	k'enk'ra
airelle (f) rouge	წითელი მოცვი	ts'iteli motsvi
fraise (f) des bois	მარწყვი	marts'qvi
myrtille (f)	მოცვი	motsvi

97. Les fleurs. Les plantes

| fleur (f) | ყვავილი | qvavili |
| bouquet (m) | თაიგული | taiguli |

rose (f)	ვარდი	vardi
tulipe (f)	ტიტა	t'it'a
oeillet (m)	მიხაკი	mikhak'i
glaïeul (m)	გლადიოლუსი	gladiolusi

bleuet (m)	ღიღილო	ghighilo
campanule (f)	მაჩიტა	machit'a
dent-de-lion (f)	ბაბუაწვერა	babuats'vera
marguerite (f)	გვირილა	gvirila

aloès (m)	ალოე	aloe
cactus (m)	კაქტუსი	k'akt'usi
ficus (m)	ფიკუსი	pik'usi

lis (m)	შროშანი	shroshani
géranium (m)	ნემსიწვერა	nemsits'vera
jacinthe (f)	ჰიაცინტი	hiatsint'i

mimosa (m)	მიმოზა	mimoza
jonquille (f)	ნარგიზი	nargizi
capucine (f)	ნასტურცია	nast'urtsia

orchidée (f)	ორქიდეა	orkidea
pivoine (f)	იორდასალამი	iordasalami
violette (f)	ია	ia

pensée (f)	სამფერა ია	sampera ia
myosotis (m)	კესანე	k'esane
pâquerette (f)	ზიზილა	zizila

coquelicot (m)	ყაყაჩო	qaqacho
chanvre (m)	კანაფი	k'anapi
menthe (f)	პიტნა	p'it'na

| muguet (m) | შროშანა | shroshana |
| perce-neige (f) | ენძელა | endzela |

ortie (f)	ჭინჭარი	ch'inch'ari
oseille (f)	მჟაუნა	mzhauna
nénuphar (m)	წყლის შროშანი	ts'qlis shroshani

| fougère (f) | გვიმრა | gvimra |
| lichen (m) | ლიქენა | likena |

serre (f) tropicale	ორანჟერეა	oranzherea
gazon (m)	გაზონი	gazoni
parterre (m) de fleurs	ყვავილნარი	qvavilnari

plante (f)	მცენარე	mtsenare
herbe (f)	ბალახი	balakhi
brin (m) d'herbe	ბალახის ღერო	balakhis ghero

feuille (f)	ფოთოლი	potoli
pétale (m)	ფურცელი	purtseli
tige (f)	ღერო	ghero
tubercule (m)	ბოლქვი	bolkvi

| pousse (f) | ღივი | ghivi |
| épine (f) | ეკალი | ek'ali |

fleurir (vi)	ყვავილობა	qvaviloba
se faner (vp)	ჭკნობა	ch'k'noba
odeur (f)	სუნი	suni
couper (vt)	მოჭრა	moch'ra
cueillir (fleurs)	მოწყვეტა	mots'qvet'a

98. Les céréales

grains (m pl)	მარცვალი	martsvali
céréales (f pl) (plantes)	მარცვლეული მცენარე	martsvleuli mtsenare
épi (m)	თავთავი	tavtavi

blé (m)	ხორბალი	khorbali
seigle (m)	ჭვავი	ch'vavi
avoine (f)	შვრია	shvria
millet (m)	ფეტვი	pet'vi
orge (f)	ქერი	keri

maïs (m)	სიმინდი	simindi
riz (m)	ბრინჯი	brinji
sarrasin (m)	წიწიბურა	ts'its'ibura

pois (m)	ბარდა	barda
haricot (m)	ლობიო	lobio
soja (m)	სოია	soia
lentille (f)	ოსპი	osp'i
fèves (f pl)	პარკები	p'ark'ebi

T&P BOOKS

LES PAYS DU MONDE

T&P Books Publishing

99. Les pays du monde. Partie 1

Afghanistan (m)	ავღანეთი	avghaneti
Albanie (f)	ალბანეთი	albaneti
Allemagne (f)	გერმანია	germania
Angleterre (f)	ინგლისი	inglisi
Arabie (f) Saoudite	საუდის არაბეთი	saudis arabeti
Argentine (f)	არგენტინა	argent'ina
Arménie (f)	სომხეთი	somkheti
Australie (f)	ავსტრალია	avst'ralia
Autriche (f)	ავსტრია	avst'ria
Azerbaïdjan (m)	აზერბაიჯანი	azerbaijani
Bahamas (f pl)	ბაჰამის კუნძულები	bahamis k'undzulebi
Bangladesh (m)	ბანგლადეში	bangladeshi
Belgique (f)	ბელგია	belgia
Biélorussie (f)	ბელორუსია	belorusia
Bolivie (f)	ბოლივია	bolivia
Bosnie (f)	ბოსნია და ჰერცოგოვინა	bosnia da hertsogovina
Brésil (m)	ბრაზილია	brazilia
Bulgarie (f)	ბულგარეთი	bulgareti
Cambodge (m)	კამბოჯა	k'amboja
Canada (m)	კანადა	k'anada
Chili (m)	ჩილე	chile
Chine (f)	ჩინეთი	chineti
Chypre (m)	კვიპროსი	k'vip'rosi
Colombie (f)	კოლუმბია	k'olumbia
Corée (f) du Nord	ჩრდილოეთ კორეა	chrdiloet k'orea
Corée (f) du Sud	სამხრეთ კორეა	samkhret k'orea
Croatie (f)	ხორვატია	khorvat'ia
Cuba (f)	კუბა	k'uba
Danemark (m)	დანია	dania
Écosse (f)	შოტლანდია	shot'landia
Égypte (f)	ეგვიპტე	egvip't'e
Équateur (m)	ეკვადორი	ek'vadori
Espagne (f)	ესპანეთი	esp'aneti
Estonie (f)	ესტონეთი	est'oneti
Les États Unis	ამერიკის შეერთებული შტატები	amerik'is sheertebuli sht'at'ebi
Fédération (f) des Émirats Arabes Unis	აგს	ags
Finlande (f)	ფინეთი	pineti
France (f)	საფრანგეთი	saprangeti
Géorgie (f)	საქართველო	sakartvelo

Ghana (m)	განა	gana
Grande-Bretagne (f)	დიდი ბრიტანეთი	didi brit'aneti
Grèce (f)	საბერძნეთი	saberdzneti

100. Les pays du monde. Partie 2

Haïti (m)	ჰაიტი	hait'i
Hongrie (f)	უნგრეთი	ungreti
Inde (f)	ინდოეთი	indoeti
Indonésie (f)	ინდონეზია	indonezia
Iran (m)	ირანი	irani
Iraq (m)	ერაყი	eraqi
Irlande (f)	ირლანდია	irlandia
Islande (f)	ისლანდია	islandia
Israël (m)	ისრაელი	israeli
Italie (f)	იტალია	it'alia

Jamaïque (f)	იამაიკა	iamaik'a
Japon (m)	იაპონია	iap'onia
Jordanie (f)	იორდანია	iordania
Kazakhstan (m)	ყაზახეთი	qazakheti
Kenya (m)	კენია	k'enia
Kirghizistan (m)	ყირგიზეთი	qirgizeti
Koweït (m)	კუვეიტი	k'uveit'i

Laos (m)	ლაოსი	laosi
Lettonie (f)	ლატვია	lat'via
Liban (m)	ლიბანი	libani
Libye (f)	ლივია	livia
Liechtenstein (m)	ლიხტენშტეინი	likht'ensht'eini
Lituanie (f)	ლიტვა	lit'va
Luxembourg (m)	ლუქსემბურგი	luksemburgi

Macédoine (f)	მაკედონია	mak'edonia
Madagascar (f)	მადაგასკარი	madagask'ari
Malaisie (f)	მალაიზია	malaizia
Malte (f)	მალტა	malt'a
Maroc (m)	მაროკო	marok'o
Mexique (m)	მექსიკა	meksik'a
Moldavie (f)	მოლდოვა	moldova

Monaco (m)	მონაკო	monak'o
Mongolie (f)	მონღოლეთი	mongholeti
Monténégro (m)	ჩერნოგორია	chernogoria
Myanmar (m)	მიანმარი	mianmari
Namibie (f)	ნამიბია	namibia
Népal (m)	ნეპალი	nep'ali
Norvège (f)	ნორვეგია	norvegia
Nouvelle Zélande (f)	ახალი ზელანდია	akhali zelandia
Ouzbékistan (m)	უზბეკეთი	uzbek'eti

101. Les pays du monde. Partie 3

Pakistan (m)	პაკისტანი	p'ak'ist'ani
Palestine (f)	პალესტინის ავტონომია	p'alest'inis avt'onomia
Panamá (m)	პანამა	p'anama
Paraguay (m)	პარაგვაი	p'aragvai
Pays-Bas (m)	ნიდერლანდები	niderlandebi

Pérou (m)	პერუ	p'eru
Pologne (f)	პოლონეთი	p'oloneti
Polynésie (f) Française	საფრანგეთის პოლინეზია	saprangetis p'olinezia
Portugal (m)	პორტუგალია	p'ort'ugalia

République (f) Dominicaine	დომინიკის რესპუბლიკა	dominik'is resp'ublik'a
République (f) Sud-africaine	სამხრეთ აფრიკის რესპუბლიკა	samkhret aprik'is resp'ublik'a
République (f) Tchèque	ჩეხეთი	chekheti
Roumanie (f)	რუმინეთი	rumineti
Russie (f)	რუსეთი	ruseti

Sénégal (m)	სენეგალი	senegali
Serbie (f)	სერბია	serbia
Slovaquie (f)	სლოვაკია	slovak'ia
Slovénie (f)	სლოვენია	slovenia
Suède (f)	შვეცია	shvetsia
Suisse (f)	შვეიცარია	shveitsaria
Surinam (m)	სურინამი	surinami
Syrie (f)	სირია	siria

Tadjikistan (m)	ტაჯიკეთი	t'ajik'eti
Taïwan (m)	ტაივანი	t'aivani
Tanzanie (f)	ტანზანია	t'anzania
Tasmanie (f)	ტასმანია	t'asmania
Thaïlande (f)	ტაილანდი	t'ailandi
Tunisie (f)	ტუნისი	t'unisi
Turkménistan (m)	თურქმენეთი	turkmeneti
Turquie (f)	თურქეთი	turketi

Ukraine (f)	უკრაინა	uk'raina
Uruguay (m)	ურუგვაი	urugvai
Vatican (m)	ვატიკანი	vat'ik'ani
Venezuela (f)	ვენესუელა	venesuela
Vietnam (m)	ვიეტნამი	viet'nami
Zanzibar (m)	ზანზიბარი	zanzibari

T&P BOOKS

GLOSSAIRE GASTRONOMIQUE

Cette section contient
beaucoup de mots associés
à la nourriture. Ce dictionnaire
vous facilitera la tâche
de comprendre le menu
et de commander le bon plat
au restaurant

T&P Books Publishing

Français-Géorgien glossaire gastronomique

épi (m)	თავთავი	tavtavi
épice (f)	სუნელი	suneli
épinard (m)	ისპანახი	isp'anakhi
œuf (m)	კვერცხი	k'vertskhi
abricot (m)	გარგარი	gargari
addition (f)	ანგარიში	angarishi
ail (m)	ნიორი	niori
airelle (f) rouge	წითელი მოცვი	ts'iteli motsvi
amande (f)	ნუში	nushi
amanite (f) tue-mouches	ბუზიხოცია	buzikhotsia
amer (adj)	მწარე	mts'are
ananas (m)	ანანასი	ananasi
anguille (f)	გველთევზა	gveltevza
anis (m)	ანისული	anisuli
apéritif (m)	აპერიტივი	ap'erit'ivi
appétit (m)	მადა	mada
arrière-goût (m)	გემო	gemo
artichaut (m)	არტიშოკი	art'ishok'i
asperge (f)	სატაცური	sat'atsuri
assiette (f)	თეფში	tepshi
aubergine (f)	ბადრიჯანი	badrijani
avec de la glace	ყინულით	qinulit
avocat (m)	ავოკადო	avok'ado
avoine (f)	შვრია	shvria
bacon (m)	ბეკონი	bek'oni
baie (f)	კენკრა	k'enk'ra
baies (f pl)	კენკრა	k'enk'ra
banane (f)	ბანანი	banani
bar (m)	ბარი	bari
barman (m)	ბარმენი	barmeni
basilic (m)	რეჰანი	rehani
betterave (f)	ჭარხალი	ch'arkhali
beurre (m)	კარაქი	k'araki
bière (f)	ლუდი	ludi
bière (f) blonde	ღია ფერის ლუდი	ghia peris ludi
bière (f) brune	მუქი ლუდი	muki ludi
biscuit (m)	ნამცხვარი	namtskhvari
blé (m)	ხორბალი	khorbali
blanc (m) d'œuf	ცილა	tsila
boisson (f) non alcoolisée	უალკოჰოლო სასმელი	ualk'oholo sasmeli
boissons (f pl) alcoolisées	ალკოჰოლიანი სასმელები	alk'oholiani sasmelebi
bolet (m) bai	არყისძირა	arqisdzira

bolet (m) orangé	ვერხვისძირა	verkhvisdzira
bon (adj)	გემრიელი	gemrieli
Bon appétit!	გაამოთ!	gaamot!
bonbon (m)	კანფეტი	k'anpet'i
bouillie (f)	ფაფა	papa
bouillon (m)	ბულიონი	bulioni
brème (f)	კაპარჭინა	k'ap'arch'ina
brochet (m)	ქარიყლაპია	kariqlap'ia
brocoli (m)	კომბოსტო ბროკოლი	k'ombost'o brok'oli
cèpe (m)	თეთრი სოკო	tetri sok'o
céleri (m)	ნიახური	niakhuri
céréales (f pl)	მარცვლეული მცენარე	martsvleuli mtsenare
cacahuète (f)	მიწის თხილი	mits'is tkhili
café (m)	ყავა	qava
café (m) au lait	რძიანი ყავა	rdziani qava
café (m) noir	შავი ყავა	shavi qava
café (m) soluble	ხსნადი ყავა	khsnadi qava
calamar (m)	კალმარი	k'almari
calorie (f)	კალორია	k'aloria
canard (m)	იხვი	ikhvi
canneberge (f)	შტოში	sht'oshi
cannelle (f)	დარიჩინი	darichini
cappuccino (m)	ნაღებიანი ყავა	naghebiani qava
carotte (f)	სტაფილო	st'apilo
carpe (f)	კობრი	k'obri
carte (f)	მენიუ	meniu
carte (f) des vins	ღვინის ბარათი	ghvinis barati
cassis (m)	შავი მოცხარი	shavi motskhari
caviar (m)	ხიზილალა	khizilala
cerise (f)	ალუბალი	alubali
champagne (m)	შამპანური	shamp'anuri
champignon (m)	სოკო	sok'o
champignon (m) comestible	საჭმელი სოკო	sach'meli sok'o
champignon (m) vénéneux	შხამიანი სოკო	shkhamiani sok'o
chaud (adj)	ცხელი	tskheli
chocolat (m)	შოკოლადი	shok'oladi
chou (m)	კომბოსტო	k'ombost'o
chou (m) de Bruxelles	ბრიუსელის კომბოსტო	briuselis k'ombost'o
chou-fleur (m)	ყვავილოვანი კომბოსტო	qvavilovani k'ombost'o
citron (m)	ლიმონი	limoni
clou (m) de girofle	მიხაკი	mikhak'i
cocktail (m)	კოკტეილი	k'ok't'eili
cocktail (m) au lait	რძის კოკტეილი	rdzis k'ok't'eili
cognac (m)	კონიაკი	k'oniak'i
concombre (m)	კიტრი	k'it'ri
condiment (m)	სანელებელი	sanelebeli
confiserie (f)	საკონდიტრო ნაწარმი	sak'ondit'ro nats'armi
confiture (f)	ჯემი	jemi
confiture (f)	მურაბა	muraba
congelé (adj)	გაყინული	gaqinuli

conserves (f pl)	კონსერვები	k'onservebi
coriandre (m)	ქინძი	kindzi
courgette (f)	ყაბაყი	qabaqi
couteau (m)	დანა	dana
crème (f)	ნაღები	naghebi
crème (f) aigre	არაჟანი	arazhani
crème (f) au beurre	კრემი	k'remi
crabe (m)	კიბორჩხალა	k'iborchkhala
crevette (f)	კრევეტი	k'revet'i
crustacés (m pl)	კიბოსნაირნი	k'ibosnairni
cuillère (f)	კოვზი	k'ovzi
cuillère (f) à soupe	სადილის კოვზი	sadilis k'ovzi
cuisine (f)	სამზარეულო	samzareulo
cuisse (f)	ბარკალი	bark'ali
cuit à l'eau (adj)	მოხარშული	mokharshuli
cumin (m)	კვლიავი	k'vliavi
cure-dent (m)	კბილსაჩიჩქნი	k'bilsachichkni
déjeuner (m)	სადილი	sadili
dîner (m)	ვახშამი	vakhshami
datte (f)	ფინიკი	pinik'i
dessert (m)	დესერტი	desert'i
dinde (f)	ინდაური	indauri
du bœuf	საქონლის ხორცი	sakonlis khortsi
du mouton	ცხვრის ხორცი	tskhvris khortsi
du porc	ღორის ხორცი	ghoris khortsi
du veau	ხბოს ხორცი	khbos khortsi
eau (f)	წყალი	ts'qali
eau (f) minérale	მინერალური წყალი	mineraluri ts'qali
eau (f) potable	სასმელი წყალი	sasmeli ts'qali
en chocolat (adj)	შოკოლადისა	shok'oladisa
esturgeon (m)	თართი	tarti
fèves (f pl)	პარკები	p'ark'ebi
farce (f)	ფარში	parshi
farine (f)	ფქვილი	pkvili
fenouil (m)	კამა	k'ama
feuille (f) de laurier	დაფნის ფოთოლი	dapnis potoli
figue (f)	ლეღვი	leghvi
flétan (m)	პალტუსი	p'alt'usi
flet (m)	კამბალა	k'ambala
foie (m)	ღვიძლი	ghvidzli
fourchette (f)	ჩანგალი	changali
fraise (f)	მარწყვი	marts'qvi
fraise (f) des bois	მარწყვი	marts'qvi
framboise (f)	ჟოლო	zholo
frit (adj)	შემწვარი	shemts'vari
froid (adj)	ცივი	tsivi
fromage (m)	ყველი	qveli
fruit (m)	ხილი	khili
fruits (m pl) de mer	ზღვის პროდუქტები	zghvis p'rodukt'ebi
fumé (adj)	შებოლილი	shebolili
gâteau (m)	ტკბილღვეზელა	t'k'bilghvezela
gâteau (m)	ღვეზელი	ghvezeli

garniture (f)	შიგთავსი	shigtavsi
garniture (f)	გარნირი	garniri
gaufre (f)	ვაფლი	vapli
gazeuse (adj)	გაზირებული	gazirebuli
gibier (m)	ნანადირევი	nanadirevi
gin (m)	ჯინი	jini
gingembre (m)	კოჭა	k'och'a
girolle (f)	მიქლიო	miklio
glace (f)	ყინული	qinuli
glace (f)	ნაყინი	naqini
glucides (m pl)	ნახშირწყლები	nakhshirts'qlebi
goût (m)	გემო	gemo
gomme (f) à mâcher	საღეჭი რეზინი	saghech'i rezini
grains (m pl)	მარცვალი	martsvali
grenade (f)	ბროწეული	brots'euli
groseille (f) rouge	წითელი მოცხარი	ts'iteli motskhari
groseille (f) verte	ხურტკმელი	khurt'k'meli
gruau (m)	ბურღული	burghuli
hamburger (m)	ჰამბურგერი	hamburgeri
hareng (m)	ქაშაყი	kashaqi
haricot (m)	ლობიო	lobio
hors-d'œuvre (m)	საუზმეული	sauzmeuli
huître (f)	ხამანწკა	khamants'k'a
huile (f) d'olive	ზეითუნის ზეთი	zeitunis zeti
huile (f) de tournesol	მზესუმზირის ზეთი	mzesumziris zeti
huile (f) végétale	მცენარეული ზეთი	mtsenarueli zeti
jambon (m)	ლორი	lori
jaune (m) d'œuf	კვერცხის გული	k'vertskhis guli
jus (m)	წვენი	ts'veni
jus (m) d'orange	ფორთოხლის წვენი	portokhlis ts'veni
jus (m) de tomate	ტომატის წვენი	t'omat'is ts'veni
jus (m) pressé	ახლადგამოწურული წვენი	akhladgamots'uruli ts'veni
kiwi (m)	კივი	k'ivi
légumes (m pl)	ბოსტნეული	bost'neuli
lait (m)	რძე	rdze
lait (m) condensé	შესქელებული რძე	sheskelebuli rdze
laitue (f), salade (f)	სალათი	salati
langoustine (f)	ლანგუსტი	langust'i
langue (f)	ენა	ena
lapin (m)	ბოცვერი	botsveri
lentille (f)	ოსპი	osp'i
les œufs	კვერცხები	k'vertskhebi
les œufs brouillés	ერბო-კვერცხი	erbo-k'vertskhi
limonade (f)	ლიმონათი	limonati
lipides (m pl)	ცხიმები	tskhimebi
liqueur (f)	ლიქიორი	likiori
mûre (f)	მაყვალი	maqvali
maïs (m)	სიმინდი	simindi
maïs (m)	სიმინდი	simindi
mandarine (f)	მანდარინი	mandarini
mangue (f)	მანგო	mango

maquereau (m)	სკუმბრია	sk'umbria
margarine (f)	მარგარინი	margarini
mariné (adj)	მარინადში ჩადებული	marinadshi chadebuli
marmelade (f)	მარმელადი	marmeladi
melon (m)	ნესვი	nesvi
merise (f)	ბალი	bali
miel (m)	თაფლი	tapli
miette (f)	ნამცეცი	namtsetsi
millet (m)	ფეტვი	pet'vi
morceau (m)	ნაჭერი	nach'eri
morille (f)	მერცხალა სოკო	mertskhala sok'o
morue (f)	ვირთევზა	virtevza
moutarde (f)	მდოგვი	mdogvi
myrtille (f)	მოცვი	motsvi
navet (m)	თალგამი	talgami
noisette (f)	თხილი	tkhili
noix (f)	კაკალი	k'ak'ali
noix (f) de coco	ქოქოსის კაკალი	kokosis k'ak'ali
nouilles (f pl)	ატრია	at'ria
nourriture (f)	საჭმელი	sach'meli
oie (f)	ბატი	bat'i
oignon (m)	ხახვი	khakhvi
olives (f pl)	ზეითუნი	zeituni
omelette (f)	ომლეტი	omlet'i
orange (f)	ფორთოხალი	portokhali
orge (f)	ქერი	keri
oronge (f) verte	შხამა	shkhama
ouvre-boîte (m)	გასახსნელი	gasakhsneli
ouvre-bouteille (m)	გასახსნელი	gasakhsneli
pâté (m)	პაშტეტი	p'asht'et'i
pâtes (m pl)	მაკარონი	mak'aroni
pétales (m pl) de maïs	სიმინდის ბურბუშელა	simindis burbushela
pétillante (adj)	გაზიანი	gaziani
pêche (f)	ატამი	at'ami
pain (m)	პური	p'uri
pamplemousse (m)	გრეიფრუტი	greiprut'i
papaye (f)	პაპაია	p'ap'aia
paprika (m)	წიწაკა	ts'its'ak'a
pastèque (f)	საზამთრო	sazamtro
peau (f)	ქერქი	kerki
perche (f)	ქორჭილა	korch'ila
persil (m)	ოხრახუში	okhrakhushi
petit déjeuner (m)	საუზმე	sauzme
petite cuillère (f)	ჩაის კოვზი	chais k'ovzi
pistaches (f pl)	ფსტა	pst'a
pizza (f)	პიცა	p'itsa
plat (m)	კერძი	k'erdzi
plate (adj)	უგაზო	ugazo
poire (f)	მსხალი	mskhali
pois (m)	ბარდა	barda
poisson (m)	თევზი	tevzi
poivre (m) noir	პილპილი	p'ilp'ili

poivre (m) rouge	წიწაკა	ts'its'ak'a
poivron (m)	წიწაკა	ts'its'ak'a
pomme (f)	ვაშლი	vashli
pomme (f) de terre	კარტოფილი	k'art'opili
portion (f)	ულუფა	ulupa
potiron (m)	გოგრა	gogra
poulet (m)	ქათამი	katami
pourboire (m)	გასამრჯელო	gasamrjelo
protéines (f pl)	ცილები	tsilebi
prune (f)	ქლიავი	kliavi
pudding (m)	პუდინგი	p'udingi
purée (f)	კარტოფილის პიურე	k'art'opilis p'iure
régime (m)	დიეტა	diet'a
radis (m)	ბოლოკი	bolok'i
rafraîchissement (m)	გამაგრილებელი სასმელი	gamagrilebeli sasmeli
raifort (m)	პირშუშხა	p'irshushkha
raisin (m)	ყურძენი	qurdzeni
raisin (m) sec	ქიშმიში	kishmishi
recette (f)	რეცეპტი	retsep't'i
requin (m)	ზვიგენი	zvigeni
rhum (m)	რომი	romi
riz (m)	ბრინჯი	brinji
russule (f)	ბღავანა	bghavana
sésame (m)	ქუნჟუტი	kunzhut'i
safran (m)	ზაფრანა	zaprana
salé (adj)	მლაშე	mlashe
salade (f)	სალათი	salati
sandre (f)	ფარგა	parga
sandwich (m)	ბუტერბროდი	but'erbrodi
sans alcool	უალკოჰოლო	ualk'oholo
sardine (f)	სარდინი	sardini
sarrasin (m)	წიწიბურა	ts'its'ibura
sauce (f)	სოუსი	sousi
sauce (f) mayonnaise	მაიონეზი	maionezi
saucisse (f)	სოსისი	sosisi
saucisson (m)	ძეხვი	dzekhvi
saumon (m)	ორაგული	oraguli
saumon (m) atlantique	გოჯი	goji
sec (adj)	გამხმარი	gamkhmari
seigle (m)	ჭვავი	ch'vavi
sel (m)	მარილი	marili
serveur (m)	ოფიციანტი	opitsiant'i
serveuse (f)	ოფიციანტი	opitsiant'i
silure (m)	ლოქო	loko
soja (m)	სოია	soia
soucoupe (f)	ლამბაქი	lambaki
soupe (f)	წვნიანი	ts'vniani
spaghettis (m pl)	სპაგეტი	sp'aget'i
steak (m)	ბივშტექსი	bivsht'eksi
sucré (adj)	ტკბილი	t'k'bili
sucre (m)	შაქარი	shakari
tarte (f)	ტორტი	t'ort'i

tasse (f)	ფინჯანი	pinjani
thé (m)	ჩაი	chai
thé (m) noir	შავი ჩაი	shavi chai
thé (m) vert	მწვანე ჩაი	mts'vane chai
thon (m)	თინუსი	tinusi
tire-bouchon (m)	შტოპორი	sht'op'ori
tomate (f)	პომიდორი	p'omidori
tranche (f)	ნაჭერი	nach'eri
truite (f)	კალმახი	k'almakhi
végétarien (adj)	ვეგეტარიანული	veget'arianuli
végétarien (m)	ვეგეტარიანელი	veget'arianeli
verdure (f)	მწვანილი	mts'vanili
vermouth (m)	ვერმუტი	vermut'i
verre (m)	ჭიქა	ch'ika
verre (m) à vin	ბოკალი	bok'ali
viande (f)	ხორცი	khortsi
vin (m)	ღვინო	ghvino
vin (m) blanc	თეთრი ღვინო	tetri ghvino
vin (m) rouge	წითელი ღვინო	ts'iteli ghvino
vinaigre (m)	ძმარი	dzmari
vitamine (f)	ვიტამინი	vit'amini
vodka (f)	არაყი	araqi
whisky (m)	ვისკი	visk'i
yogourt (m)	იოგურტი	iogurt'i

Géorgien-Français glossaire gastronomique

ავოკადო	avok'ado	avocat (m)
ალკოჰოლიანი სასმელები	alk'oholiani sasmelebi	boissons (f pl) alcoolisées
ალუბალი	alubali	cerise (f)
ანანასი	ananasi	ananas (m)
ანგარიში	angarishi	addition (f)
ანისული	anisuli	anis (m)
აპერიტივი	ap'erit'ivi	apéritif (m)
არაჟანი	arazhani	crème (f) aigre
არაყი	araqi	vodka (f)
არტიშოკი	art'ishok'i	artichaut (m)
არყისძირა	arqisdzira	bolet (m) bai
ატამი	at'ami	pêche (f)
ატრია	at'ria	nouilles (f pl)
ახლადგამოწურული წვენი	akhladgamots'uruli ts'veni	jus (m) pressé
ბადრიჯანი	badrijani	aubergine (f)
ბალი	bali	merise (f)
ბანანი	banani	banane (f)
ბარდა	barda	pois (m)
ბარი	bari	bar (m)
ბარკალი	bark'ali	cuisse (f)
ბარმენი	barmeni	barman (m)
ბატი	bat'i	oie (f)
ბეკონი	bek'oni	bacon (m)
ბივშტექსი	bivsht'eksi	steak (m)
ბოკალი	bok'ali	verre (m) à vin
ბოლოკი	bolok'i	radis (m)
ბოსტნეული	bost'neuli	légumes (m pl)
ბოცვერი	botsveri	lapin (m)
ბრინჯი	brinji	riz (m)
ბრიუსელის კომბოსტო	briuselis k'ombost'o	chou (m) de Bruxelles
ბროწეული	brots'euli	grenade (f)
ბუზიხოცია	buzikhotsia	amanite (f) tue-mouches
ბულიონი	bulioni	bouillon (m)
ბურღული	burghuli	gruau (m)
ბუტერბროდი	but'erbrodi	sandwich (m)
ბღავანა	bghavana	russule (f)
გაამოთ!	gaamot!	Bon appétit!
გაზიანი	gaziani	pétillante (adj)
გაზირებული	gazirebuli	gazeuse (adj)
გამაგრილებელი სასმელი	gamagrilebeli sasmeli	rafraîchissement (m)
გამხმარი	gamkhmari	sec (adj)
გარგარი	gargari	abricot (m)

გარნირი	garniri	garniture (f)
გასამრჯელო	gasamrjelo	pourboire (m)
გასახსნელი	gasakhsneli	ouvre-bouteille (m)
გასახსნელი	gasakhsneli	ouvre-boîte (m)
გაყინული	gaqinuli	congelé (adj)
გემო	gemo	goût (m)
გემო	gemo	arrière-goût (m)
გემრიელი	gemrieli	bon (adj)
გველთევზა	gveltevza	anguille (f)
გოგრა	gogra	potiron (m)
გოჯი	goji	saumon (m) atlantique
გრეიფრუტი	greiprut'i	pamplemousse (m)
დანა	dana	couteau (m)
დარიჩინი	darichini	cannelle (f)
დაფნის ფოთოლი	dapnis potoli	feuille (f) de laurier
დესერტი	desert'i	dessert (m)
დიეტა	diet'a	régime (m)
ენა	ena	langue (f)
ერბო-კვერცხი	erbo-k'vertskhi	les œufs brouillés
ვაფლი	vapli	gaufre (f)
ვაშლი	vashli	pomme (f)
ვახშამი	vakhshami	dîner (m)
ვეგეტარიანელი	veget'arianeli	végétarien (m)
ვეგეტარიანული	veget'arianuli	végétarien (adj)
ვერმუტი	vermut'i	vermouth (m)
ვერხვისძირა	verkhvisdzira	bolet (m) orangé
ვირთევზა	virtevza	morue (f)
ვისკი	visk'i	whisky (m)
ვიტამინი	vit'amini	vitamine (f)
ზაფრანა	zaprana	safran (m)
ზეითუნი	zeituni	olives (f pl)
ზეითუნის ზეთი	zeitunis zeti	huile (f) d'olive
ზვიგენი	zvigeni	requin (m)
ზღვის პროდუქტები	zghvis p'rodukt'ebi	fruits (m pl) de mer
თავთავი	tavtavi	épi (m)
თალგამი	talgami	navet (m)
თართი	tarti	esturgeon (m)
თაფლი	tapli	miel (m)
თევზი	tevzi	poisson (m)
თეთრი სოკო	tetri sok'o	cèpe (m)
თეთრი ღვინო	tetri ghvino	vin (m) blanc
თეფში	tepshi	assiette (f)
თინუსი	tinusi	thon (m)
თხილი	tkhili	noisette (f)
ინდაური	indauri	dinde (f)
იოგურტი	iogurt'i	yogourt (m)
ისპანახი	isp'anakhi	épinard (m)
იხვი	ikhvi	canard (m)
კაკალი	k'ak'ali	noix (f)
კალმარი	k'almari	calamar (m)
კალმახი	k'almakhi	truite (f)
კალორია	k'aloria	calorie (f)

კამა	k'ama	fenouil (m)
კამბალა	k'ambala	flet (m)
კანფეტი	k'anpet'i	bonbon (m)
კაპარჭინა	k'ap'arch'ina	brème (f)
კარაქი	k'araki	beurre (m)
კარტოფილი	k'art'opili	pomme (f) de terre
კარტოფილის პიურე	k'art'opilis p'iure	purée (f)
კბილსაჩიჩქნი	k'bilsachichkni	cure-dent (m)
კენკრა	k'enk'ra	baie (f)
კენკრა	k'enk'ra	baies (f pl)
კერძი	k'erdzi	plat (m)
კვერცხები	k'vertskhebi	les œufs
კვერცხი	k'vertskhi	œuf (m)
კვერცხის გული	k'vertskhis guli	jaune (m) d'œuf
კვლიავი	k'vliavi	cumin (m)
კიბორჩხალა	k'iborchkhala	crabe (m)
კიბოსნაირნი	k'ibosnairni	crustacés (m pl)
კივი	k'ivi	kiwi (m)
კიტრი	k'it'ri	concombre (m)
კობრი	k'obri	carpe (f)
კოვზი	k'ovzi	cuillère (f)
კოკტეილი	k'ok't'eili	cocktail (m)
კომბოსტო	k'ombost'o	chou (m)
კომბოსტო ბროკოლი	k'ombost'o brok'oli	brocoli (m)
კონიაკი	k'oniak'i	cognac (m)
კონსერვები	k'onservebi	conserves (f pl)
კოჭა	k'och'a	gingembre (m)
კრევეტი	k'revet'i	crevette (f)
კრემი	k'remi	crème (f) au beurre
ლამბაქი	lambaki	soucoupe (f)
ლანგუსტი	langust'i	langoustine (f)
ლეღვი	leghvi	figue (f)
ლიმონათი	limonati	limonade (f)
ლიმონი	limoni	citron (m)
ლიქიორი	likiori	liqueur (f)
ლობიო	lobio	haricot (m)
ლორი	lori	jambon (m)
ლოქო	loko	silure (m)
ლუდი	ludi	bière (f)
მადა	mada	appétit (m)
მაიონეზი	maionezi	sauce (f) mayonnaise
მაკარონი	mak'aroni	pâtes (m pl)
მანგო	mango	mangue (f)
მანდარინი	mandarini	mandarine (f)
მარგარინი	margarini	margarine (f)
მარილი	marili	sel (m)
მარინადში ჩადებული	marinadshi chadebuli	mariné (adj)
მარმელადი	marmeladi	marmelade (f)
მარცვალი	martsvali	grains (m pl)
მარცვლეული მცენარე	martsvleuli mtsenare	céréales (f pl)
მარწყვი	marts'qvi	fraise (f)
მარწყვი	marts'qvi	fraise (f) des bois

მაყვალი	maqvali	mûre (f)
მდოგვი	mdogvi	moutarde (f)
მენიუ	meniu	carte (f)
მერცხალა სოკო	mertskhala sok'o	morille (f)
მზესუმზირის ზეთი	mzesumziris zeti	huile (f) de tournesol
მინერალური წყალი	mineraluri ts'qali	eau (f) minérale
მიქლიო	miklio	girolle (f)
მიწის თხილი	mits'is tkhili	cacahuète (f)
მიხაკი	mikhak'i	clou (m) de girofle
მლაშე	mlashe	salé (adj)
მოცვი	motsvi	myrtille (f)
მოხარშული	mokharshuli	cuit à l'eau (adj)
მსხალი	mskhali	poire (f)
მურაბა	muraba	confiture (f)
მუქი ლუდი	muki ludi	bière (f) brune
მცენარეული ზეთი	mtsenarueli zeti	huile (f) végétale
მწარე	mts'are	amer (adj)
მწვანე ჩაი	mts'vane chai	thé (m) vert
მწვანილი	mts'vanili	verdure (f)
ნამცეცი	namtsetsi	miette (f)
ნამცხვარი	namtskhvari	biscuit (m)
ნანადირევი	nanadirevi	gibier (m)
ნაღები	naghebi	crème (f)
ნაღებიანი ყავა	naghebiani qava	cappuccino (m)
ნაყინი	naqini	glace (f)
ნაჭერი	nach'eri	tranche (f)
ნაჭერი	nach'eri	morceau (m)
ნახშირწყლები	nakhshirts'qlebi	glucides (m pl)
ნესვი	nesvi	melon (m)
ნიახური	niakhuri	céleri (m)
ნიორი	niori	ail (m)
ნუში	nushi	amande (f)
ომლეტი	omlet'i	omelette (f)
ორაგული	oraguli	saumon (m)
ოსპი	osp'i	lentille (f)
ოფიციანტი	opitsiant'i	serveur (m)
ოფიციანტი	opitsiant'i	serveuse (f)
ოხრახუში	okhrakhushi	persil (m)
პალტუსი	p'alt'usi	flétan (m)
პაპაია	p'ap'aia	papaye (f)
პარკები	p'ark'ebi	fèves (f pl)
პაშტეტი	p'asht'et'i	pâté (m)
პილპილი	p'ilp'ili	poivre (m) noir
პირშუშხა	p'irshushkha	raifort (m)
პიცა	p'itsa	pizza (f)
პომიდორი	p'omidori	tomate (f)
პუდინგი	p'udingi	pudding (m)
პური	p'uri	pain (m)
ჟოლო	zholo	framboise (f)
რეცეპტი	retsep't'i	recette (f)
რეჰანი	rehani	basilic (m)
რომი	romi	rhum (m)

რძე	rdze	lait (m)
რძიანი ყავა	rdziani qava	café (m) au lait
რძის კოკტეილი	rdzis k'ok't'eili	cocktail (m) au lait
სადილი	sadili	déjeuner (m)
სადილის კოვზი	sadilis k'ovzi	cuillère (f) à soupe
საზამთრო	sazamtro	pastèque (f)
საკონდიტრო ნაწარმი	sak'ondit'ro nats'armi	confiserie (f)
სალათი	salati	laitue (f), salade (f)
სალათი	salati	salade (f)
სამზარეულო	samzareulo	cuisine (f)
სანელებელი	sanelebeli	condiment (m)
სარდინი	sardini	sardine (f)
სასმელი წყალი	sasmeli ts'qali	eau (f) potable
სატაცური	sat'atsuri	asperge (f)
საუზმე	sauzme	petit déjeuner (m)
საუზმეული	sauzmeuli	hors-d'œuvre (m)
საქონლის ხორცი	sakonlis khortsi	du bœuf
საღეჭი რეზინი	saghech'i rezini	gomme (f) à mâcher
საჭმელი	sach'meli	nourriture (f)
საჭმელი სოკო	sach'meli sok'o	champignon (m) comestible
სიმინდი	simindi	maïs (m)
სიმინდი	simindi	maïs (m)
სიმინდის ბურბუშელა	simindis burbushela	pétales (m pl) de maïs
სკუმბრია	sk'umbria	maquereau (m)
სოია	soia	soja (m)
სოკო	sok'o	champignon (m)
სოსისი	sosisi	saucisse (f)
სოუსი	sousi	sauce (f)
სპაგეტი	sp'aget'i	spaghettis (m pl)
სტაფილო	st'apilo	carotte (f)
სუნელი	suneli	épice (f)
ტკბილი	t'k'bili	sucré (adj)
ტკბილღვეზელა	t'k'bilghvezela	gâteau (m)
ტომატის წვენი	t'omat'is ts'veni	jus (m) de tomate
ტორტი	t'ort'i	tarte (f)
უალკოჰოლო	ualk'oholo	sans alcool
უალკოჰოლო სასმელი	ualk'oholo sasmeli	boisson (f) non alcoolisée
უგაზო	ugazo	plate (adj)
ულუფა	ulupa	portion (f)
ფარგა	parga	sandre (f)
ფარში	parshi	farce (f)
ფაფა	papa	bouillie (f)
ფეტვი	pet'vi	millet (m)
ფინიკი	pinik'i	datte (f)
ფინჯანი	pinjani	tasse (f)
ფორთოხალი	portokhali	orange (f)
ფორთოხლის წვენი	portokhlis ts'veni	jus (m) d'orange
ფსტა	pst'a	pistaches (f pl)
ფქვილი	pkvili	farine (f)
ქათამი	katami	poulet (m)

ქარიყლაპია	kariqlap'ia	brochet (m)
ქაშაყი	kashaqi	hareng (m)
ქერი	keri	orge (f)
ქერქი	kerki	peau (f)
ქინძი	kindzi	coriandre (m)
ქიშმიში	kishmishi	raisin (m) sec
ქლიავი	kliavi	prune (f)
ქორჭილა	korch'ila	perche (f)
ქოქოსის კაკალი	kokosis k'ak'ali	noix (f) de coco
ქუნჟუტი	kunzhut'i	sésame (m)
ღვეზელი	ghvezeli	gâteau (m)
ღვინის ბარათი	ghvinis barati	carte (f) des vins
ღვინო	ghvino	vin (m)
ღვიძლი	ghvidzli	foie (m)
ღია ფერის ლუდი	ghia peris ludi	bière (f) blonde
ღორის ხორცი	ghoris khortsi	du porc
ყაბაყი	qabaqi	courgette (f)
ყავა	qava	café (m)
ყვავილოვანი კომბოსტო	qvavilovani k'ombost'o	chou-fleur (m)
ყველი	qveli	fromage (m)
ყინული	qinuli	glace (f)
ყინულით	qinulit	avec de la glace
ყურძენი	qurdzeni	raisin (m)
შავი მოცხარი	shavi motskhari	cassis (m)
შავი ყავა	shavi qava	café (m) noir
შავი ჩაი	shavi chai	thé (m) noir
შამპანური	shamp'anuri	champagne (m)
შაქარი	shakari	sucre (m)
შებოლილი	shebolili	fumé (adj)
შემწვარი	shemts'vari	frit (adj)
შესქელებული რძე	sheskelebuli rdze	lait (m) condensé
შვრია	shvria	avoine (f)
შიგთავსი	shigtavsi	garniture (f)
შოკოლადი	shok'oladi	chocolat (m)
შოკოლადისა	shok'oladisa	en chocolat (adj)
შტოპორი	sht'op'ori	tire-bouchon (m)
შტოში	sht'oshi	canneberge (f)
შხამა	shkhama	oronge (f) verte
შხამიანი სოკო	shkhamiani sok'o	champignon (m) vénéneux
ჩაი	chai	thé (m)
ჩაის კოვზი	chais k'ovzi	petite cuillère (f)
ჩანგალი	changali	fourchette (f)
ცივი	tsivi	froid (adj)
ცილა	tsila	blanc (m) d'œuf
ცილები	tsilebi	protéines (f pl)
ცხელი	tskheli	chaud (adj)
ცხვრის ხორცი	tskhvris khortsi	du mouton
ცხიმები	tskhimebi	lipides (m pl)
ძეხვი	dzekhvi	saucisson (m)
ძმარი	dzmari	vinaigre (m)
წვენი	ts'veni	jus (m)

წვნიანი	ts'vniani	soupe (f)
წითელი მოცვი	ts'iteli motsvi	airelle (f) rouge
წითელი მოცხარი	ts'iteli motskhari	groseille (f) rouge
წითელი ღვინო	ts'iteli ghvino	vin (m) rouge
წიწაკა	ts'its'ak'a	poivron (m)
წიწაკა	ts'its'ak'a	poivre (m) rouge
წიწაკა	ts'its'ak'a	paprika (m)
წიწიბურა	ts'its'ibura	sarrasin (m)
წყალი	ts'qali	eau (f)
ჭარხალი	ch'arkhali	betterave (f)
ჭვავი	ch'vavi	seigle (m)
ჭიქა	ch'ika	verre (m)
ხამანწკა	khamants'k'a	huître (f)
ხახვი	khakhvi	oignon (m)
ხბოს ხორცი	khbos khortsi	du veau
ხიზილალა	khizilala	caviar (m)
ხილი	khili	fruit (m)
ხორბალი	khorbali	blé (m)
ხორცი	khortsi	viande (f)
ხსნადი ყავა	khsnadi qava	café (m) soluble
ხურტკმელი	khurt'k'meli	groseille (f) verte
ჯემი	jemi	confiture (f)
ჯინი	jini	gin (m)
ჰამბურგერი	hamburgeri	hamburger (m)

www.ingramcontent.com/pod-product-compliance
Lightning Source LLC
LaVergne TN
LVHW051302080426
835509LV00020B/3115

* 9 7 8 1 7 8 6 1 6 7 8 8 0 *